Ocolo id Specule ed Quo Alice Trohv Ter

Ocolo id Specule ed Quo Alice Trohv Ter

Through the Looking-Glass in Sambahsa

Ab

Lewis Carroll

Kips ab

John Tenniel

Sambahsa tarjem ab

Olivier Simon

2016

Edihn ab/*Published by* Evertype, 73 Woodgrove, Portlaoise, R32 ENP6, Ireland. *www.evertype.com*.

Presto titule/*Original title*: *Through the Looking-Glass and What Alice Found There*.

Presto edition/*First edition* 2016.

Un catalogic notice tos buk est behandet bei British Library.
A catalogue record for this book is available from the British Library.

ISBN-10 1-78201-165-X
ISBN-13 978-1-78201-165-1

Schrifttehxen in De Vinne Text, Mona Lisa, ENGRAVERS' ROMAN, ed Liberty ab Michael Everson.
Typeset in De Vinne Text, Mona Lisa, ENGRAVERS' ROMAN, *and* Liberty *by* Michael Everson.

Kips/*Illustrations*: John Tenniel, 1865.

Covehr/*Cover*: Michael Everson.

Druckt ab/*Printed by* LightningSource.

Preface

Ia Aventures as Alice in Daumsenland est un lientnarn publien ye id prest ker ab Lewis Carroll (Charles Lutwidge Dodgson) in Jul 1865. Plurs im persons ed aventures in tod buk deile con un cartenpack. *Ocolo id Specule ed Quo Alice Trohv Ter* (*Through the Looking-Glass and What Alice Found There*) est un ghimnarn, quod Carroll prest-ye publicit in December 1871. In tod dwoter narn, i persons ed aventures sont basen ep schakhleik.

Ia heroyin om bo buks est Alice Liddell, dugter ios Decan os Christ Church, Oxford, quer Dodgson eet mathematique docent. Quayque Alice Liddell hieb gnaht in 1852, yani dwogim yars pos Dodgson, ia prehpt in bo buks ka un septat lytil kweil, tem yarat quem ia eet quan Dodgson ghiet iam ye id prest ker. Est clar ex ia poems ye inkapem ed end ios buk od Carroll meg-ye kiem Alice Liddell. Tehrpt bihe kaun, lakin, od Alices parents neti bid Carroll in 1864 edghi so vis iam baygh pau poskwo.

Id poemo ye id end ios Englisch version os *Ocolo id Specule* eet un acrostiche quos buksteivs in-kap ielgo ligne skeipe id hol nam ias lytil pieg: ALICE PLEASANCE LIDDELL. In id Sambahsa tarjem, est un “acrophrase”, yani ia prest buksteivs os ielg jumla comdeike id wehkwos: OIN PIEG.

Ye id endo tos buk yu trehfsiete id “suppressen” episode “Is Peruca-Vehsend Vesp”, quod hieb esto tienjien-ye iskwt ka part os *Ocolo id Specule*. John Tenniel, qui riss ia grehvens ios prest edition iom dwo buks, rejecih tod episode, quod poskwo buit omitten. Id splendid kwiter ornend tod capitel buit risst yeji id style os Tenniel ab Ken Leeder in 1977.

Ocolo id Specule mathmount meis jinas ed logic paradoxa quem in *Ia Aventures as Alice in Daumsenland*. Yinjier est meis un buk pro adults quem id prever wehrg. Est eti un buk meis difficil uperwehrttu, kam pleisti tarjmants schahide dayir to, maghses ob Carroll hat-se strohnct ad id buwes subtiler ed meis dienghia. Id Sambahsa tarjem ab Olivier Simon est un admirable riawdals, quod hamraht schungjin-ye *Ia aventures as Alice in Daumsenland*. Me nraveiht publie id.

Michael Everson
Portlaoise 2016

Foreword

Alice's Adventures in Wonderland is a summer tale published by Lewis Carroll (Charles Lutwidge Dodgson) for the first time in July 1865. Many of the characters and adventures in that book have to with a pack of cards. *Through the Looking-Glass and What Alice Found There* is a winter tale, which Carroll first published in December 1871. In this second tale, the characters and adventures are based on the game of chess.

The heroine of both books is Alice Liddell, daughter of the Dean of Christ Church, Oxford, where Dodgson was a tutor in mathematics. Although Alice Liddell was born in 1852, twenty years later than Dodgson, she appears in both books as a little girl of seven, the age she was when Dodgson met her for the first time. It's clear from the poems ad the beginning and end of the book that Carroll was very fond of Alice Liddell. One should note, however, that Alice's parents had a disagreement with Carroll in 1864 and Carroll saw Alice very little indeed thereafter.

The poem at the end of the book *Through the Looking-Glass* is an acrostic in which the first lines spell the little girl's full name: ALICE PLEASANCE LIDDELL. In this Sambahsa translation, a different kind of acrostic has been substituted, spelling OIN PIEG 'one girl'.

At the end of the book you will find the "suppressed" episode "The Wasp in a Wig", which was originally intended to be part of *Through the Looking-Glass*. John Tenniel, who drew the pictures in the first edition of the two books, did not care for this episode, and it was therefore omitted. The splendid picture which graces this chapter was drawn in Tenniel's style by Ken Leeder in 1977.

Through the Looking-Glass contains more word-play and logical paradoxes than than *Alice's Adventures in Wonderland*. In consequence it is more a book for adults than the earlier work. It is also a more difficult book to translate, as most translators attest—perhaps it is because Carroll took pains to make it somewhat more subtle and polished, Olivier Simon's translation into Sambahsa meets the task admirably, and is a superb companion to *Ia Aventures as Alice in Daumsenland*. I am delighted to publish it.

Michael Everson
Portlaoise 2016

Ocolo id Specule
ed Quo Alice Trohv Ter

Ikhtissar

I. Id Dom ios Specule 7

II. Id Garden iom Gwiven Flors 21

III. Specule Insects 33

IV. Dwidelgnahn ed Dwidelgnaht 45

V. Wuln ed Wed 58

VI. Humpty Dumpty 71

VII. Is Lion ed is Unicorn 85

VIII. "Buit Inventen ab Me!" 97

IX. Ferz Alice 113

X. Scutten 129

XI. Gehren 130

XII. Quoter hat Drohmt? 131

Is Peruca-Vehsend Vesp 137

A short grammar of Sambahsa 147

Albh pion (Alice) leict ed vinct unte oindem movs.

RUDH

ALBH

1. Alice d2 ghat Rudh Ferz	1. Rudh Ferz e2–h5
2. Alice d2–d3 (*per train*) d3–d4 (*Dwidelgnahn ed Dwidelgnaht*)	2. Albh Ferz c1–c4 (*apterdrahnd sien schal*)
3. Alice d4 ghat Albh Ferz (*con id schal*)	3. Albh Ferz c4–c5 (*biht owa*)
4. Alice d4–d5 (*butique, rivier, butique*)	4. Albh Ferz c4–f8 (*stehlt id oiv ep id gjia*)
5. Alice d5–d6 (*Humpty Dumpty*)	5. Albh Ferz f8–c8 (*feugend ud iom Rudh Maurkritter*)
6. Alice d6–d7 (*forest*)	6. Rudh Maurkritter g8–e7+ (*schakh*)
7. Albh Maurkritter f5 x e7 kapt iom Rudh Maurkritter	7. Albh Maurkritter e7–f5
8. Alice d7–d8 (*biht cronen*)	8. Rudh Ferz h5–e8 (*imtihan*)
9. Alice biht Ferz	9. Ferzas rukhade
10. Alice d8 rukhadet (*dapan*)	10. Albh Ferz c8–a6 (*soup*)
11. Alice kapt iam Rudh Ferz ed vinct	

Magv quas chol est aunsweurgh ed pur
    Ed samt daumsaplen okwi
Quayque wakt abfeuct, ed io ed tu
    Smos separet ab un pwolgwit,
        Tien khauris smeih preimsiet kerdwarm
        Un liubhadia sub forme os narn.

Ho neter vis tien sakib lige,
    ni aurn tien argwrnt gleimen;
Yed quanta sababs me oblige
    kay sies in tien gwitsxeimen
        ye oin waurmen habe esto warnt
        de klustres mien fabuleus narn.

Basm inkapen unte alya diens,
    quan id sol eet bleigend
Kam un simple campan quod biet
    id rythme os noster ermen—
        Quos echos semper siemos mehme,
        quayque hassad yars saygient "myehrs!"

Gwask' idi, kludi, pre sem voc,
Med bitter khabars kladen,
Te kyeuc' do un nesellgwohm' noct
tu bent ab id dekhschaten!
Smos tik ater magvi, mien dorgv
qui steunent ob dehlgent swehpe mox.

Exo, id frost, id blindend sneigv.
Id skeud follia ios stormwind—
Eni, id norocnest ios miegve
Quod id vatra illuminet.
Ia magic werds te sient captive
Un schiau os delirium vahs gwive.

Ed quayque uno kwehsterskadh
maghiet tremble unte id storia,
ob ia norocdiens hant abgwaht
ed abniht irschi gloria—
tod kamkwe naiwo ghehdsiet harme
id plaisure nosters daumosnarn.

Capitel I

Id Dom ios Specule

Oin ject eet certain, od ia *albh* catika hieb dilt neid con to—eet alnos id fault ias sword catika. Iaghi albh catika hieb lavihn sien lige ab iam veut catu unte id akhir horquardel (ed in hol ia destull suatohl to); yu it vidte ia habiet nel-ye *ghohden* forface.

Dinah eelavt ia liges am sien elns it: preter, ia eeteint iam orm biest pon ays aur med oin pod, poskwo med alyo pod ia eeghneiht ays hol enokwo protieterkat-ye ab nasbud. Api, ye tod moment, kam vos ho just-ye sayct, ia eet befehkhtend tem quem ia ghohd iam albh catika qua nalyohg, perfect-ye still, ed pit snurdes (aundwoi ob ia khiss to ay eet sislew).

Bet id tualette ias sword catika hieb esen kwohrn in-kap id posmiddien; itak, menxu Alice nahudel kyom-ye in un wangwl ios mier foteuyl, pwol sib-tolkend ed pwol sneud, ia catika ee-lelik khalal med id spula kamgarn ia bent hiebit piten plehce, ed eexexubh id bachimien hin id buit alnos displohct; id eet ter, stert ep id giutan, hol implohct, pleno med nodes, ed ia catika, medsu to, eet currend apter sien swayp.

“Oh! Kam vilain es tu!” scricit Alice ghendend-ye iam catika inter sien brakhs ed kunend-ye iam lyt kay suaghabihes iam ia eet in disgrace. “Druve-ye, Dinah habiet tohrben lyt meis suaale te quem to! Yaghi, Dinah! Habies *tohrben* lyt meis suaale iam, ed tu suawoidst to!” nabahsit ia, glanzend-ye mambh-ye iam catu ed bahnd-ye med sien skeudst voc; poskwo ia glohm iter kay sedde ep id foteuyl ghendend-ye con se iam catu ed id wulna, ed ia plohcyit id spulach. Bet ia ne kwohr to baygh oku, iaghi eebeibaht, auter ay cata, we sibswo. Kitty mien baygh sakwn-ye ep ays grem, fingend ses interesset ab id plehcen ios spulach; ex tid do tid, ia rexit oin om sien pods ed touchit mliak-ye id wulna, kam kay dikes ia habiet esen norocta de hehlpe Alice sei ia habiet ghohdt.

“Woidst tu quod dien sessiet cras, Kitty?” bibahsit Alice. “Habies tarken to sei habies est claus id fenster con me nuper—bet Dinah eet kwehrnd tien tualette, ob to ne has maghen gwehme. Io spohc iens pwarns quoy ghens ub aydsmo pro id baltrogwn—ed aydsmowakels sont tohrben, Kitty! Yed, enod bihsit tem srig ed snigv tant quem ies skul tyehgve to. Bet to est neid, Kitty, gwahsiems admire cras id baltrogwn.” Ye tod moment, Alice plohc dwo au tri wulnawehrts ambh Kittys coll, tik-ye kay vide kam ia tengiciet: ex to resultit uno mulayim waurgpusc in quos druna id spula fiell ep id podloga, ed yards yarden ex id bihr iter displohct.

"Fiker, Kitty," nabahsit Alice yant buir iter comfortable-ye seddend, "od eem tem furieus ob mehne de quanta cacavanias has kwohrt hoyd quem ho quasi ghyanskwn id fenster kay dehe te extro do id sneigv! Habies suastahalt to, tu lytil khiter makhbouba!" "Quod has tu ad sayge kay alege? Te prehgo mae interrumpes me!" wohl ia pfehrstend-ye ub. "Vahm tib sayge quo has kwohrn." "Prest-ye: has crien dwis todeghern menxu Dinah liev tien enokwo. Mae peit nege, Kitty, teghi ho aurt! Quod?" "Quod saycs tu?" nabahsit ia simulend credihes Kitty hieb just baht. "Ays pod hat gwaht do tien ok? Est tien fault, ob tu hiebst gwupt tien okwi suaghyanen; sei habies dart ia suacluden, to ne habiet wakyen. Prehgo, mae paursk alya excuses!" "Kleu me! Dwot-ye, has trac' Sneigvters swayp retro just kun io hieb dehn un dieji melg ant iam! Quod? Saycs tu pohskwist? Ed quosmed woist an neschi ia pohskwit? Bad, trit-ye: has diskwohrt mien wulnaspulach menxu io ne spohc te!"

"Ta sont tri schararas, Kitty, ed ne bad buist dar punihn ob oin iom tri. Woidst od kowpo tien quant hevdkwoinas pro credie—Sei mien quant kwoinas esient kowpen," nabahsit ia, meis pro se quem pro Kitty, "do quod tar to duciet ye id fin ios yar? Suppono esiem yisen do prison kun id dien gwehmiet. Autah—vedim—sei ielg kwoina consistiet ant-behre dinner: tun, quando tod trist dien habiet gwohmt, skeuliem antbehre penkgim dinners sammel! Bet, pos hol, to mi esiet kheptenn egal! Preferiem antbehre ia quem edde ia!"

"Aurs tu id sneigv protie ia schibs, Kitty? Kam jamile ed mliak to swehnt! Kwecto esiet semanghen kunend id fenster hol quantloc. Daumo kweter sneigv lieubht polds ed drus, yod id kunt ia tem mliak-ye? Poskwo, vids tu, id covehrt ia baygh comfortable-ye med un albh paplwn; ed kad sayct ibs:

"Swehpte, makhboubs, hina lient reict." Ed quando lient reict, Kitty, gehrnt, vehsent alnos glend, ed bidansent—ielgs kun id wind blaht—Oh! Kam est jamile!" scricit Alice, slembhend-ye id kamgarn spulach kay clacke med sien hands. "Tant eiskwo ke to esiet druv! Pehndo id shienrlin alnos tengiet sneud in osyern, quan waraks bihnt karag."

"Kitty, sagvs tu likes schakh? Mae smeihs, makhbouba, bahm baygh serieus-ye. Nuper, menxu eems leikend, has sohkwn id ernu kamsei tu fahiemst: ed quando ho saygen: "Schakhmat!", has bisnurdt! Eet ghi un baygh kamyaben schakh, ed som yakin habiem ghohdt vinces sei tod peigher

Maurk ne hieb snohgen medsu mien pieces. Kitty, makhbouba, smad simule—" Her, ghehdskwo vos repetihes quantum Alice ee-sayct inkapend-ye med sien favorite wehkwos: "Smad simule." Ne serter quem perdini, ia hieb diu tolcto con sien swester, ob Alice hiebit bi-sayct: "Smad simule ses roys ed ferzas." Aysa swester, qua baygh-ye kiem zabt, hieb arguen eet impossible, dat eent tik dwo, ed Alice hiebit bad skulen sayge: "Tumen sessies oin ex i, ego de sessiem ceters." Ed sem dien ia hieb druve-ye dekhschat sien veut gouvernante criend-ye brusk-ye do ays aur: "Prehgo, Potnika, smad simule som un heunghernd hyena, ed ste un ost!"

Bet to nos arct lyt pior ud quo Alice sieyg ad Kitty. "Smad simule es ia Rudh Ferz, Kitty! Vids tu, credeihm od sei seddies ep tien cloinpodia crucend-ye tien brakhs, kwehkies kam ia kheptenn. Hay, peit, kay mi dahe plaisure!" Poskwo, Alice ghens iam Rudh Ferz ep id table, ed dehsit iam ant Kitty kay daughiet ay ka model; bet tod peiten duys, hassa, sieyg Alice, ob Kitty refusit cruce dohbro sien brakhs. Kay punihes iam, Alice dier iam ant id specule deictum ay kam gomric ia tengicit—"Ed sei ne bihs taat fauran, te uperneihm do id Dom ios Specule. Kam kamies tu *to*?"

"Hay, Kitty, seighi me kleuskws, instet beibalbel, vahm tib sayge hol de kam ghabo id Dom ios Specule. Preter, est id kyal ghehds vide in id Specule—Est exact-ye lik niesi salon, bet jects sont in invers aurdhen. Ghehdo vide hol id quando stahm ep un stul—hol, ploisko id part just apter id vatra. Oh! Tant vanscho vide id! Tant gnohskwo kweter daghent un malek in winter, vids tu, tunghi dum steight in todschi kyal—; bet kad simulent, kay fikerms daghent ogwn—. Tia, vids, ia buks destull kwehkent kam nies buks, bet ia werds sont ghawsam; to suawoidim ob ho oins dohrjen oin om nies buks ant id specule, ed, quando anghen kwehrt to, dehrjent unschi un buk in alyo kyal."

"Kamies tu gwive in id Dom ios Specule, Kitty? Daumo an tib bihiet daht sem melg. Kad id melg ios Specule ne est gohd pohtu—Ed nun, oh! Kitty! Nun arrivems ei dikhliz. Gnebh un baygh smulk bud ios dikhliz ios Dom ios Specule ghehdt bihe enderkwiten quan id dwer est sisen weurghyanen:quo biht dyohrcen maung kwehc' kam noster dikhliz, bet, vids tu, kad est alnos different lyt dalger. Oh! Kitty! Esiet daumost sei ghehdiems entre id Dom ios Specule! Smad simule ghehde entre id, kamgvonc. Smad simule kem id glas hat biht tem moll quem kaz kay ghehdiemos lites ocolo. Ma, id wehrt do un genis mighel nun, io declare! Sessiet kafi facil ghehde ocolo—" Menxu ia sieyg ta werds, stahsit ep id pervase, aun pior woide kam ia hieb gwohmt ub ter. Ed, in druve, idghi glas biswohnd, exact-ye kam un bleigu argwrntmighel.

Unte alyo moment eet Alice ocolo id glas ed hieb skanso mulayim-ye do id kyal ios Specule. Pre kwehrus alyo ject, ia spohc an eet ogwn in id vatra, ed ia buit nravihn ab vide od eet un druv ogwn quod schenit tem akster-ye quem tod ia hieb apterlikwt in sien salon. "It sessiem tem warm her quem eem in id prever kyal," mohn Alice: "warmer, in fact, ob niet ses anghen her kay me grinte ud id ogwn. Oh, kam glewost to sessiet, quando me vidsient her ocolo id specule, ed khacsient tiel me!"

Tun ia inkiep ambhspehce, ed kieusit od quo ghohd ses viden ud id prever kyal eet destull commun ed ininteressant, bet od id hol reste eet different bilkull. Mathalan, ia pinegs hangend kata id mur nieb id ogwn quanta tengier gwiv, ed idpet pendulesaat ep id pervase (yu woid tik ids caud ghehdt bihe viden in id Specule) hieb id lige uns lytil geront qui smihsit ad Alice.

"Tod kyal est maung minter suardeht quem alter," mohn ia bent, kaund-ye plur schakhpieces ghom bayna ia ascha. Bet oin instant serter, ia emiss un lytil surprise crie ed

kwetwerpohd kay gohder observe ia: ia schakhpieces oispassereer in pair!

“En iom Rudh Roy ed iam Rudh Ferz,” iey Alice (meg khafi, ibo dekhschate i); “ed en iom Albh Roy ed iam Albh Ferz seddend ana id ghiullopat—; ed en dwo Rukhs qui abgwahnt brakh in brakh—Ne credeihm ghehdent me aure,” nabahsit ia, wehrtend-ye lyt sien cap niter, “ed som quasi yakin ne ghehdent me vide. Ho id pondos os ses invisible—”

Ye tod moment, ia ieur un creisch ep id table, ed wohrt sien cap just barwakt-ye kay vide oino iom Albhen Pions volve ed bisrehte: ia spohc id samt megil curiositato de quo vahsit wakye poskwo.

"Est id voc miens purt!" scricit ia Albh Ferz, kun ia rusch pri iom Roy, tem gvaltic-ye quem ia fallih iom do id bur. "Mien lytil Lily! Mien tresur! Mien imperial catika!" Ed ia biglohm kam un foll engwn id ogwnark.

"Imperial bagatelle!" iey is Roy, ghneihndo sieno nas, quod hieb est vurnt unte id fall. Is poissit ses chixun balahn, isghi wohs burcovohrt ex cap do peds.

Alice eet baygh anxieus de ses util, ed, kun ia orm lytil Lily cricit tem quem ia eet quasi convulgend, ia spohd de ghende ub iam Ferz ed dehe iam ep id table nieb ays honar lytil dugter.

Ia Ferz ghyien sien stohm kay retrehve annem, ed sess ghom: tod oku hava-safer hieb alnos segen ays respiration, ed, unte oin au dwo minutes, ia khiekit kwehre alyojecto quem glabe iam lytil Lily aun sayge werd. Yant ia ghohdyit lyt annmes, ia cricit ei Albh Roy qui sessit skeud-ye in id bur: "Kaute id volcan!"

"Quod volcan?" sprohg is Roy, spehcend ub anxieus-ye do id ogwn, kamsei is mohn tod eet id meist mukhtmel steto kay trehve sem.

"Me—hat—sprehngihn," kwohs ia Ferz, qua eet dar lyt exterannem. "Kaute mae spranct vos!"

Alice spohc iom Albh Roy glehme ex oin stangh ad alyo, dind ia visieyg: "Bet vahs tehrbe hors ed hors pre arrive ep id table, ye tod speud. Dalgtos esiet gohder sei te hehlpiem, ne?" Bet is Roy dahsit neid attention ei question: eet destull clar od is ghohd neter aure ni vide iam.

Alice ghens iom baygh mliak-ye, ed ieyrit iom maung lenter-ye quem ia hieb ayrto iam Ferzu, mae sege eys annem; bet, pre pones iom ep id table, ia credih ia maghiet tem dohbro exduile iom lyt, isghi eet tem burcovohrn.

Ia sieyg serter ia hieb naiwo viden unte sien holgwit un lige kam tod ios Roy kun so wohs dohrjen in id air ab un invisible hand, ed exduilen: is pior stieun pro scrie, bet eys okwi ed stohm nabihr stets weurer ed runder, hin ays hand buit tem scutten ob gleimen quem ia quasi slebh iom ghomtro.

"Oh! *Prehgo*, mae frad tant, mien kyar!" scricit ia, myehrsend-ye kheptenn is Roy khiek aure iam. "Tant me gliheihs quem ho gnebh kafi nerce pro dehrje te! Ed mae ghyan tant weur-ye tien stohm! Id hol bur vaht entre id! Credeihm nun es kafi kiest," nabahsit ia sleivend-ye eys kays. Dind ia pos iom baygh kaur-ye ep id table nieb iam Ferzu.

Is Royo fiell fauran unte sien hol regv ed lyohg perfect-ye still. Alice, lyt alarmet ab quo ia hieb kwohrt, bitour in id kyal kay vide an ia ghehdiet trehve sem wed kay xubhes id do eys lige. Lakin ia trohv tik un tintbotel, ed quan ia rik ia vis is Royo hieb disbayaldissen, ed od ia Ferz ed is tolkeer med un terrifien voc, tem khafi quem ay molicit aure ir lafza.

Is Royo sieyg: "Sigwro vos, mien kyar prientin, od buim tosmed frohsen tiel id bud miens bakenbart!"

Ad quo ia Ferza jawieb: "Yu ne habte bakenbart, vedim!"

"Id horror tos moment," nabahsit is Roy, "siem io naiwo, *naiwo* myehrse!"

"Lakin yu siete," ieyit ia Ferz, "nibo yu kwehrte un memorandum ex to."

Alice naspohc samt megil interesse kun is Roy ghens un enormo memorandum-buk ex sien gep, ed biscripsit. Tun un idee ay brusk-ye enfiell: ia lambh id bors ios molive quod oistohlbit lyt uper id oms ios Roy, ed ia biscripsit vice iom.

Is orm Roy kwohk perplex ed biedan, ed, unte sem wakt, is oistrubh id molive aun sayge werd; bet Alice eet pior nert binisbat iom, also declarit is bad med un kwehsend voc: "Mien kyar prientin! Tehrbo mutlak trehve un molive teuner quem tod! Khako styre id: script vasyalg jects ho naiw iskwt—"

"Qualg jects?" spohc ia Ferz, spehcend-ye id bukil (ep quod Alice hiebit script: *"Is Albh Maurk est oisleidend ghom id koistrank. Ne reidt in tula."*) "To est sigwra ne un note de quo yu khiss!"

Ep id table, baygh prokwem Alice, lyohg un buk. Sammel observend-ye iom Albh Roy, (iaghi dar lyt kieur de iom, ed remien parat ad xubhes tinto do eys enokw agar iter bayaldissiet), ia biwohrt ia pages kay trehve un passage ia ghohd lises—"est ghi scriben in un bahsa ne gnohm," ia sib iey.

Eet kam to:

Jabberwocky

'Twas brillig, and the slithy toves
Did gyre and gimble in the wabe:
All mimsy were the borogoves,
And the mome raths outgrabe.

To buit un enigmatica pro iam unte sem wakt, hin un argu bren ay enfiell. "Ma, est un Specule-buk, weidwos! Ed sei dehrjo id ant un specule, vasya werds rebihsient rectsam."

To buit id poem quod Alice lis.

Jabberwocky

Ye grillsaat, illangver toves
In id antper curp ed gyre'r
Misermithav e'nt borogoves
Ed hemti rathi mugswihse'r

"War el Jabberwock, tu mien son!
Els ghyanus dehnke, els noghs corbache!
War el Jubjub av, ed lass mon
El durmieus Bandersnatch!"

Is ghens sien vorpal eins in hand:
Diu pieurskit is tel Dukhschatmanx-
Dind rahiet claus id Tumtum-dru, stahnd,
Kam mers in un trance.

Ed is in vkhauxschen brens wieg
Quando el blehghskernd Jabberwock
Per id teumskost lays addwiej
Samt flammes in ieter ok!

Oin dwo! Oin dwo! Aunfin hissab!
Id vorpal mieychel el mutant!
Is gvohn el, ed swehngend els cap,
Is rid hem galumphant.

"Ed has tu gvohnt el Jabberwock?
Tu, is sakib victor tos boi!
O pfrabhyeus dien! Ke swehnt id clock!"
Is smientel in sien joy.

Ye grillsaat, illangver toves
In id antper curp ed gyre'r
Misermithav e'nt borogoves
Ed hemti rathi mughswihse'r.

"To tengiet baygh jamile," iey Alice, quando ia hieb vilist, "bet est *destull* difficil ad prete!" (Yu vidte ia ne sib itiriefskwit ia pretit mutlak neid ex to). "To pleht mien cap med vasyalg idees, bet—bet ne woidim exact-ye qua sont ta idees! In quant fall, quo est clar est od *semanghen* hat gvohnen *semject*—"

"Bet, oh!" mohn ia klaupend-ye ub, "sei ne spehdo, vahm skules reghange per id Specule pre vidus kam quod kwehct id reste ios dom. Smad inkape med id garden!" Ia sielg id kyal unte oino moment ed curs ghomdrabs—we, bariem, ne eet exact-ye curre, sontern un nov invention kay ghehde ghomdrabs oku ed facil-ye, kam Alice sib sieyg. Se contentit med linkwes sien fingherborsa ep id drabzan, ed swohbh ghom aun touche ia stieupens med sien peds. Dind, ia tohr id vestibule, dar swehbhend-ye in id air, ed ia habiet uperswohbht id sei ne habiet antgript id aneta. Iaghi lyt-ye dusiesc ob ee-seswohbhit pelu, ed ia buit baygh norocta de ghange iter naturelika.

Capitel II

Id Garden iom Gwiven Flors

"Maunger suavidiem id garden," sib iey Alice, "sei ghehdiem do id akro tos clin—ed eno paund duct tetro hol seid—Bariem, ne hol seid—" nabahsit ia pos sehkwus id paund unte pauk yards ed unte plur acut skambs, "bet suppono idghi vinacsiet id. Kam bizarre id wehndt! Kwehct meis kam un corcscruv quem un paund! Ah! Ye tod ker, *tod* skamb nact id clin, suppono—Bet no, khich-ye! Me bringht tsay hol seid dom! Gohd, in tod fall, vahm reikstiupes."

To kwohr ia; ia ghieng ubtos ghomtro ed ghomtos ubtro peitend-ye oin skambo pos alter, bet, quodkwe ia ghohd kwehre, ia semper gwirliey. Ed hatta, ye sem ker kun ia hieb ghangen unte un skamb meis oku quem biadet, ia se stus protiev id dom pre ghehdus halte.

"Inutil est insiste," iey Alice spehcend-ye id dom kamsei ia tolkit con id. "Io refuse gwirlaye. Woidim skeuliem regwahe per id Specule—rikes id salon—ed to esiet id fin om mien aventures!"

Ia vols gwaukan-ye za id dom, dind bikwohryit itner unte id paund oins-ye meis, alnos karrarus gwahe tiel id clin. Unte oik minutes, hol suawohrg: bet, ye id precis moment kun ia sieyg: "Ye tod ker, som sure od vahm arrive tetro," id paund vrink brusk-ye ed se scuss (bariem Alice descripsit it to poskwo), ed, sem instant serter, iaghi wohs penetrend id dom.

"Oh! Est pior khak!" ia scricit. "Naiwo ho io viden un dom se dehe it ep id itner leuden! No, naiwo!"

Lakin, id clin dar stieusit ant iam; ia tohrbit rinkape. Ye tod ker, ia arrivit ant uno mier floren parterre, perambhen med un kamfloren leizd, uperskaden ab un plangsalko quod crohsc medsu-pet.

"O Tigherlil!" iey Alice, wehkwnd un lil quod wip grace-ye med id windannem. "*Tant* eiskwo ke ghehdies bahe."

"*Ghehdmos* bahe," antwohrd id Tigherlil; "bariem quan est semanghen quel stahalt bihe wohkwen."

Alice buit tant surpriden quem ia remien aun werd unte un wassime minute, kamsei tod antwehrd habiet alnos sect ays annem. Bad, dat id Tigherlil se contentit med nawipes, ia wohkwyit ed sprohg med un timid ed baygh khafi voc: "*Ghehde* vasya flors bahe?"

"*Tant* quem tu," iey id Tigherlil, "ed maung meg akster quem tu."

"Vids tu," declarit id Rose, "esiet baygh beghsadab nami nos an bahmos ka preters; io druve-ye dieum an vahsta karrare sayge semject! Io mi iey: 'Ia tengiet habe lyt commun sense, quayque ays lige ne est baygh clever!' Nespekent hol, has id dohbro color, ed to maung importet."

"Baygh pau kauro de ays color," iey id Tigherlil. "Yadi ays petals steulbient lyt meis, ia esiet perfect."

Alice ne kiem bihe critiquen, itak ia biiskwit werds: “Ne bayte yu yando remane plantet her, aun anghen kay kaure de vos?”

“Hams id dru medsu,” jawieb id Rose. “Ka quod fikers tu id daught?”

“Bet quod ghehdiet id kwehre sei esiet danger?” sprohg Alice.

“Ghehdiet brehme,” antwohrd id Rose.

“Yaghi id ghehdt brehme,” cricit un kamflor, “chunke idge hat un brem!”

"Quod! Tu ne wois *to*!" exclamit alyo kamflor. Ed, poskwo, wiswa bicrier hin id air pohld med smulk acut vocs. "Silence, quants!" wohl id Tigherlil, weipend-ye furieus-ye bachimien ed tremblend ob grassab. "Ia woid khako nake ia!" nabahsit id kwehsend-ye ed clihnend-ye sien kreusend cap kye Alice; "aun to ne deursient age it!"

"Ne grave!" iey Alice samt un seutend ton. Dind, se clihnend-ye kya Kamflors qua se pariet ad rinkape, ia murmurit: "Sei yu ne taycte fauran, vahm karpe vos!"

Buit un fauric silence, ed plur pemb Kamflors blieych alnos.

"Baygh gohd!" exclamit id Tigherlil. "Ia Kamflors sont meis khiter quem alters. Quan oin ex ia bitolct, wiswa etimleunt, ed tant snatternt quem vos eulgeihient!"

"Quetos sagvte yu quants tem suabahe?" sprohg Alice, qua spehsit ei redahe idso sell dumos ei yeisend-ye un compliment. "Ho ja est in maung gardens prever, bet neid iom flors ter siegv bahe."

"Deh tien hand ep id ghom, ed taste id," wohl id Tigherlil. "Ghapsies ma."

Alice kwohr quo ay hieb esto sayct. "Id ghom est meg kaurd," ia iey, "yed ne vido quo id deilt con to."

"In pleist gardens," declarit id Tigherlil, "bihnt preparen sem pior moll ghomlyeghers, tem quem flors semper swehpe."

Alice pohnd od to eet un excellent sabab, ed ia buit baygh masrour de manthes tod. "Io hieb naiwo mohnen de to!" Ia exclamit.

"Ye *mieno* mayn," kieusit id Rose samt un strehng ton, "*naiwo* mehns de ject."

"Ho naiwo vis anghen quel tengiet tem stupid," iey uno Menexi, tem brusk-ye quem Alice druve-ye klieup, idghi Menexi ne hiebit bahto tuntro.

"Sies tu tayce, tu!" scricit id Tigherlil. "Kamsei habies aiwo vis anghen! Semper gweups tien cap sub tien waraks, ed bisnarcs bilkull, tem quem ne gnohs quo wakyet in id mund, kamsei esies un mer spreug!"

"Kwe sont alyi anghens ploisko me in id garden?" iey Alice, cheusend ne kaue id akhir remarke ios Rose.

"Est alya flor qua ghehdt trehce kam tu," antwohrd id Rose. "Daumo quosmed yu kwehrte—" ("Es semper daumend," kauihsit id Tigherlil), "bet est puker quem tu."

"Kwe ia kwehc' kam ego?" sprohg Alice akster-ye, iaghi hieb just mohnt: "Est alya lytil kweil semloc in id garden!"

"Hat ghi id sam skayv forme quem tu," id Rose sieyg, "bet est rudher—ed ays petals sont corter, mehno."

"Ays petals sont claus mutu, quasi kam un dahlia," id Tigherlil interrup, "instet stulpes ghom kamquid kam tiena."

"Men, weidwos, to ne est tien fault," nabahsit id Rose meg latif-ye. "Vids tu, est ob bieulcs—Ye tod moment, anghen khact stambhes sienims petals ses lyt chapachul."

Tod idee khich-ye plaisit Alice, ed, kay mutatolke, ia sprohg: "Gwehmt ia yando unte her?"

"Mehno mox vidsies iam," antwohrd id Rose. "Ia est uns gloghic genos."

"Quer vehst ia sien gloghs?" Alice sprohg samt sem curiositat.

"Ambh sien cap, weidwos," antwohrd id Rose. "Io dieum ma tu ne hiebst sems. Io mohn eet id regular reul."

"Ia gwehmt!" cricit id Delphinium. "Auro ays stieup, boum, boum, in id gvirallee!"

Alice ambhspohc las-ye, ed vighieb eet ia Rudh Ferz. "Kam crohsct hat ia!" exclamit ia. Iaghi hieb much crohsct: kun Alice hieb trohft iam in id bur, ia hieb esto tik tri inch hog—ed ena eet unte oin pwolcap bulander quem iapet Alice!

"Id fresch air beuwt to," iey id Rose, "daumos-ye fayn air id est, ambh her."

"Mehno vahm ghate iam," iey Alice, ar, quayque ia flors eent destull interessant, ia khiss esiet for grander tolke con un druvu Ferz.

"Ne poitts," iey id Rose. "*Ego* tib radho ghange kyalter direction."

Alice pohnd tod radho stupid. Ia antwohrd neid, sontern trohc fauran kyam Rudh Ferz. Ye sieno megil surprise, ia lus iam ex vid unte oino moment, ed wohs iter penetrend id dom.

Mulayim-ye irritat, ia abgir, ed, pos paurskus bachimien iam Ferz (quam ia vidyohrc in id piern), ia decis pites, ye cid ker, gwahe kyid witer direction.

Ia kamyieb to admirable-ye. Payn-ye hieb ia ghangen unte oino minute kun ia stahsit face iam Rudh Ferz, menxu id clin ia pit nake tem diutos oistieu suavisible-ye ant iam.

"Quetos tu?" sprohg ia Rudh Ferz. "Ed quetro tu? Spehc ub, antwehrd polite-ye, ed mae sisreht tien hands."

Alice dostrig ta quant wehlens, dind explicit bilkull ia hieb lusto sien itner.

"Ne ghabo ma pretends has lus' *tien* itner," iey ia Ferz; "vasya itners her bayghe me—Bet ma has tu gwohmt hetro?" nabahsit ia med uno mliaker ton. "Ikhtiram menxu mehns de quo vahs antwehrde. To permitt spare wakt."

Alice dieum lyt de to, bet ia pior yiezg iam Ferz mae credihes quo ia hieb just-ye saygen. "Peitsiem to quando habsiem gwirlayn," mohn ia, "ye id niebst ker kun sessiem lyt skept pro dinner."

"Est tid od mi antwehrds," kieu ia Ferza chehxend-ye sien saat. "Ghyan tien stohm lyt chixun meis quando bahs, ed mae myehrs sayge: 'Vies Majestat'."

"Mer-ye vidskwim kam eet id garden, Vies Majestat."

"Baygh gohd," ieyit ia Ferz, teipend-ye ays cap, quo maung desplaisit Alice. "Bet, chunke tolcs de 'garden'—*ego* ho viden gardens binisbat qua tod esiet un druv wakhschat."

Alice ne durs discutte tod point, ed nabahsit: "Ed pitskwim dostighes tiel id akro tos clin—"

"Chunke bahs de 'clin'," etimlu ia Ferz, "ego maghiem tib dikes clins binisbat qua tod esiet tik un dal pro te."

"Sigwra ne," declarit Alice, qua se visis contradice iam. "Un clin *khact* ses un dal. To esiet un nonsense—"

Ia Rudh Ferz nuk. "Maghs kale to 'nonsense' sei to te plaist," ieyit ia. "Bet ego ho aurn nonsenses binisbat qua to kwehkiet tem kemall quem un dictionar!"

Alice ikhtiriem iter, ar, yeji id ton ias Ferz, ia biey offendus iam chixun. Dind bo ghieng silent tiel id akro ios lytil clin.

Unte oik minutes, Alice remien aun sayge werd ed naspohc id land quod oistrohc ant iam—ed tod eet druve-ye curieusst. Plur smulk spruts perisrur unte id, ed id rewos inter ia spruts eet divis in quadrats ab plur lytil glend hags, qua strohc ex spruto do sprut.

"Mige tengiet tod exact-ye kam sadrencpolds!" viscricit Alice. "Sollient ses pieces qua trehce semloc—Edghi sont sems!" nabahsit ia med uno nrahvihn ton, menxu ays kerd bibiet meis oku. "Un mier schakhernu biht liken—unte id hol mund—bariem, sei quo vido est druve-ye id mund. Oh! Kam glewost est to! Kam gairn esiem io oin iom piecen! Mi esiet egal ses un Pion eid poitto smyehre id leik—bet, naturelika, meiliem ses un Ferz."

Ia glaz timid-ye kyam druvu Ferzu swehrnd-ye ta werds, bet aysa sokwnia se contentit med smihes maedwn-ye ed ay sieyg: "Est baygh facil. Sei vols, tu poitts ses ia Pion ias Albh Ferz, dat Lily est pior yun pro likes. In-kap, stahs ep id Dwot Pold, ed, quan arrivesies do id Octim Pold, sessies un Ferz—" Just ye tod moment, ne woidim ma, ias bicurs.

Mimehnend-ye de to serter, Alice khiekit ghabe quosmed to hieb tyohcen: quanto ia mehmt est od eent currend, hand in hand, ed od ia Ferz curs tem oku quem ay kweil maung-ye molicit nadrahe pri iam. Ia Ferz nacricit: “Meis oku!” yed Alice khiss ay eet mutlak impossible gwahe meis oku, quayque ne ay etilikwit sat annem kay sayge to.

Id curieust eet od ia drus ed vasya objects perambh ians naiwo mutaplaceer: makar ias gwahr oku, ias naiwo drahr pri ject. “Daumo an jects trehcent sammel quem wey?” mohn ia orm Alice, alnos perplex. Ed ia Ferz kwohkit gvaedde ays menos, iaghi cricit: “Meis oku! Mae bah!”

Alice khich-ye sohgnit de bahe. Ia eet tem exterannem quem ay kwohk ia naiweti ghehdiet sayge sem werd ed ia Ferz nacricit: “Meis oku! Meis oku!” tragend-ye iam med sien hol gwis. “Smos wey mox arrivend?” ghohd exkwehse Alice bad.

“An mox arrivems?” repetih ia Ferz. “Bet, vedim, hams drahn pri id dec minutes prever! Meis oku!” Nacurseer silent unte sem wakt, ed id windo stris tem akster-ye pri Alices aurs quem ia hieb id pondos od id quasi wul ays kays.

"Hay, hay!" cricit ia Ferz. "Meis oku! Meis oku!" Ed ias drahr tem oku quem, fin-ye, habiet ghohden bihe credihn od ias oiswohbh in id air, payn streifend-ye id grundo med ir peds; dind, stayg, kun Alice khiss alnos exhausen, ias hielt, ed ia kweila wohsit seddend ghomi, exterannem ed hol sturdihn.

Ia Ferz knigvih iam protiev un dru, dind ay sieyg samt karam: "Poitts rahate lyt taiper."

Alice ambhspohc lyt hayran. "Bet vedim," exclamit ia, "druve-ye credeihm ne hams mot ex ender tod dru! Hol est exact-ye kam to eet!"

"Weidwos," jawieb ia Ferz; "kam eiskws tu ke to buit?"

"Betghi, in *nies* land," iey Alice, dar lyt kwehsend, "anghen arriviet altro sei anghen curriet baygh oku diu, kam habmos just kwohrn."

"Anghen gwaht baygh lent-ye in tien land!" nabahsit ia Ferz. "*Her*, vids tu, anghen skeult curre tando anghen ghehdt mane in id sam stet. Sei anghen eiskwt altro, tehrpt curre minst-ye dwis meis oku quem it!"

"Prehgo, meilo mae pites!" iey Alice. "Me pehndo baygh wal her—ploisko od mi sont maung wierme ed teurst!"

"Woidim quod te plaisiet!" declarit ia Ferza samt dabronia, tragend-ye un cutia ex sien gep. "Vols tu un biscuit?"

Alice kohns esiet bowrley refuse, quayque ia nel-ye iskwit sem biscuit. Ia ghens id ed ess id tem lecker-ye quem ia ghohd; eet *baygh* turs, ed ia mohn od naiw in sien gwit ia hieb tant riscto pnehge.

"Menxu es refreschend-te," nabahsit ia Ferz, "gwahmi meidtum." Ed ia ghens un reibum ex sien gep, divis in incha, ed bimid id grund, ed sehsit lytil kyenks in her ed ter.

"Ye id end om dwo yards," ieyit ia, dumbend un kyenko kay marke id distance, "tib dahsiem tien directions—eiskws alyo biscuit?"

"No, dank," iey Alice, "oin *druve-ye* est kafi."

"Tien teurst est stillen, spehm?" iey ia Ferz.

Alice ne siegvit quod antwehrde ad to, bet, baygh noroc-ye, ia Ferz ne skohpt ayso jawab, ed nabahsit: "Ye id end om *tri* yards, siem repetihes ia—ibo tu myehrs ia. Ye id end om *quar,* siem sayge khuda hafiz. Ed ye id end om *penk,* siem abgwahe! "

Ia hieb taiper sehn vasya kyenks, ed Alice spohc iam samt un baygh interessen protiokwo rikes ant id dru, dind ghange lent-ye engwn id seido ligne ia hieb just-ye tracet.

Arrivet ei kyenki quod mierk id dwot yard, ia vols ed sieyg: "Un pion upergwaht dwo polds kun trehct ye id prest ker. Itak tehrsies id Trit Pold baygh jaldi—shayad med id train—Ed wehssies fauran in id Quart Pold. Tod pold bayght Dwidelgnaht ed Dwidelgnahn—Id Penkt est pleist-ye wed—Id Sixt bayght Humpty Dumpty—Bet kauskws tu semject?"

"Ne—ne woisim io dohlg sayge semject—ye tod instant—" balbiel Alice.

"Tu habies sollt sayge," nabahsit ia Ferza samt un ton os grave mambhen: ""Ste baygh maedwn ob mi dahe ta quant deikens"—. Bad, suppose has saygen to—id hol Septim Pold est forest—lakin, oin iom ritters tib deicsiet id itner—ed in id Octim Pold com sessiemos Ferzas, sessient megil dapan ed giumbuscha!" Alice stahsit ub, ikhtiriem, ed sess tsay.

Arriven ei sehkwnd kyenk, ia Ferz vols iter ed sieyg: "Bah Lidepla quando ne trehfs id Sambahsa werd kay kyuses sem object—suaghehng tien doiks quando ghancs—ed mehm qua es." Ye tod ker, ia ne dahsit ad Alice id wakto kay ikhtirame; ia gwahsit baygh oku tiel id sehkwnd kyenk, vols kay sayge khuda hafiz, ed ghohd jaldi ad id senst kyenk.

Alice wois naiwo quosmed to tyohc, bet, yant ia Ferz ghohd ad id senst kyenk, ia disprohp. Ay buit impossible tarctum kweter ia hieb vanien in id hava we ia hieb curren baygh oku in id bosc. ("ed ia ghohd curre baygh oku!" mohn Alice). Quo est sure est od ia disprohp: tun, ia pieg mohm ia eet un pion ed od esiet mox tid os trehce.

Capitel III

Specule Insects

Weidwos ia inkiepit perichehxe id land ia vahsit andhe: “To maung me mehmeiht mien geographia lections,” mohn ia staund-ye ub ep sien pedaks oispehnd-ye vide lyt dalger. “Magna fluvs—ne sont sems. Magna ghyors—som ep id saul quod exist, bet ne credeihm id hat un nam. Magn urbs—Tia, qui sont ti creatures qui makhe mielt ter niter? Khakent ses beis—Nimen hat aiwo vis beis ye oin mayl dalg, yu woid,” ed unte sem wakt ia stahsit silent, spehcend oin ex ti quel ambikwohl medsu ia flors do qua el mersit sien khortoum, “exact-ye kamsei esiet un ordinar bei,” mohn Alice.

Bet eet alnos alyis quem un ordinar bei: eetghi un elephant, kam Alice mox bedyohrc, quayque tod idee prest-ye rieb ays annem. “Kam enorm ia flors solle ses!” sib ieyit ia fauran poskwo. “Sollent kwehke kam smulk doms beghs tects ed placet ep un steb—ed kam maung mielt sollent i dughes! Credeihm vahm gwehme ghom kay—no, ne vahm gwahe tetro fauran,” nabahsit ia, se protiedarnd-ye just kun ia se pariet ad curre ghom id clin, ed peitend-ye trehve sem excuse tei fauric baysa. "Ne esiet baygh haraf stighes ghom medsu i aun un baygh solid long ozd kay chasse i—Ed kam goil sessiet quando sessiem sprohct an mien safer me hat plaisen! Antwehrdsiem: 'Oh, me hat maung plaisen—(her gwohm id favorite retroclihen os ays cap), yed baygh gverehsit, eet maung duil, ed i elephants eent dusbohr!'

"Credeihm vahm stighes ghom ocolo," nabahsit ia pos uno moment. "Kad ghehdsiem gwahe vide i elephants lyt serter. Eti, tant gwahskwo do id Trit Pold!"

Pos tod senst excuse, ia curs ghom id clin, ed uperklieup id prest iom six spruts.

"Tiquets, plais!" iey is controleur xyangend-ye per id fenster. Unte oin instant cadanghen dohrj un tiquet in hand: ia tiquets eent quasi tem buland quem i mussafers, ed id hol wagon tengicit pehlde tommed.

"Hay, deik tien tiquet, magv!" nabahsit is Controleur, spehcend-ye Alice furieus-ye. Ed plur vos sieyg sammel ("kam un refrain sohngven in khor," mohn Alice): "Mae skehpteih iom, magv! Ma, eys wakt ghehldt mil punds pro minute!"

"Baym ne ho tiquet," Alice iey med un bayasen ton; "eet neid loquet quetos ho gwohmt." Ed, iter, ia vocs mlur in khor: "Ne eet place kay tohlp un loquet quetos ia gwehmt. Ter, id plor cost mil punds pro quadrat inch!"

"Inutil pites ouzer," nabahsit is Controleur; "habies dohlc' kaupe oin ud iom mecaniste." Ed oins meis, ia vocs sohngv in khor: "Iom wir besic med id locomotive. Ma, tik id dum cost mil punds pro kaug!"

Alice mohn: "In tod fall, inutil est bahe." Ia vocs ne repetihr ays wehkwos in khor, dat ia ne hiebit baht, bet, ye ays megil surprise, quants *bimohn* in khor (spehm yu woid quod maynt *mehne in khor* ioghi ne woid): "Meis valt sayge khich. Bahmen cost mil punds pro werd"

"Vahm drehme de mil punds honoct, sure ed yakin" sib iey Alice.

Unte tod hol wakt, is Controleur eechechohxit iam, preter med un telescope, dind med uno microscope, ed bad med un theatral binocle. Fin-ye is declarit: "Safers kyid ghawo direction," clus ub id dwerschib ed abgwahsit.

"Un tem yun magv," iey is poti qui sess face iam (is vohs albho papier) "dehlgiet woide quetro ia gwaht, esdi ne woid sien wi nam!"

Un Bock, seddend nieb iom albhvehsend poti, clusit sien okwi ed sieyg jahar: "Ia dehlgiet sagve trehve un loquet, esdi ne gnoht id alphabet!"

Un Wobhel wohsit seddend nieb iom Bock (eet druve-ye uno meist-ye stragno mussafergrupp!) ed, ob kwohkeer habe ka reul tolke ein sekwos ein, isge nabahsit med ta werds: "Ia skeulsiet linkwes hetos ka paquet!"

Alice khiek enderkwites quel sess ocolo iom Wobhel, bet buit un ekwios voco quod bahsit pos iom. "Mutayungmos locomotive—" inkiep id, dind id pnohg ed skul se interrumpes.

"Tia, *mutayunges locomotive,* ne gnohsim tod wehkwos!" dieum Alice. Ed un extreme-ye smulk voc, claus ays aur, sieyg: "Maghies kwehre un jinas tosmed, semject med 'ekwos' ed 'wehkwos', autah 'wehkwos' we 'ekwos' ne?"

Dind un baygh swadh voc murmurit in id piern: "Ia tehrpsiet bihe packta kaur-ye, ed glimes ep tod un citel: 'Fragil'."

Pos to, plur vocs nabahr ("Quayt tar leuds sont in id wagon?" mohn Alice), saygend "Ia solliet safer per post, chunke ia hat un cap kam ta vis ep postmarks—" "Ia tehrpt bihe yisen per telegraphic message—" "Ia tehrpt trage id train apter se unte id reste ios safer—", etc.

Bet is albhvehsend poti se clih kyam ed murmurit do ays aur: "Mae kaur de quo saygent, mien magv, ed kaup un reiken-tiquet ielgs kun id train haltsiet."

"Niem!" declarit Alice med un alnos impatient ton. "Nel-ye smyehro tod safer—Tod wagon desplaist me—Niem mane in un wagon samt tant farfar leuds!"

"Ed manies tu farfar in un wagon samt niem leuds?" iey id lytil voco claus ays aur.

"Stopte enwoghle me," iey Alice, ambhspehcend-ye in vain quetos id voco ghohd gwehme. "Sei yu tant kamte jinas, ma ne kwehrte yuswo oin?"

Id lytil voco kwohster deub in; kwohk evident od id eet baygh biedan, ed Alice habiet swohrn oik mileus werds kay husure id, "yadi kwehsteriet kam cadanghen!" mohn ia. Bet eet un tem extraordinar-ye mulayim kwehster quem ia ne habiet mutlak aurn id sei id ne hieb tyohcen baygh prokwem ays aur. Schowi, id tigel iam terrible-ye, ed alnos myehrsih iam id bieda'l orm lytil creature.

"Woidim es un prientin," nabahsit id lytil voc: "un intim prientin, un veut prientin, ed od ne me harmies, quayque som un insect."

"Quod genos es insect?" sprohg Alice ne aun sweurgh. Quo ia druve-ye gnohskwit eet kweter el stohng we ne, bet ia kohnsit ne esiet baygh polite sprehge de.

"Quod, tun ne—" id lytil voc inkiep; bet buit parstupt ab un strid ios locomotive, ed quanti klieup ob terror, Alice kam alters.

Is ekwo, qui hieb xyanct per id dwerschib, lent-ye straxit id intro ed sieyg, "Tehrbmos tik kamer un sprut." Cadanghen kwohk satisfacen de to, quayque Alice khiss lyt nerveus de id idee om trains qua kamernt. "Lakin, nos ducsiet do id Quart Pold, est un consolation!" ia sib iey. Ye alyo moment, ia khiss id wagon ludes seid-ye do id air, ed in sien baysa ia antgrip id ject prokwst sien hand, quod wohs id berd ios Bock.

Bet id berd kwohk vanie kunsmee ia touchit id, ed ia wohsit seddend ender un dru—menxu el Mokye (elghi eet el insectis qual ia hieb tolken) wip ep un ozdo just uper ays cap ed swins iam med sien ptergs.

El sigwra eet un *baygh* large Mokye: "takriban tem buland quem un kierk," mohn Alice. Nespekent hol, ia khiek baye el, pos id long tolk bo hieb habt.

"—tun ne kams vasyens insects?" nabahsit el Mokye tem sakwn-ye quem sei neid habiet wakyet.

"I kamo quando sagvent bahe," antwohrd Alice. "In id land quetos *ego*, nel insect baht."

"Ed qui sont i insects tu has haben id noroc os ghate in id land quetos tu?" el Mokye suwiel.

"Insects mi procure neid genos os noroc ob anter me bayeihnt—bariem i taunghers—Bet ghehdo tib sayge id nam oiken."

"Suppono antwehrdent quando bihnt kalt med ir nam?" sprohg el Mokye med uno neglegent ton.

"Ho naiwo viden i kwehre to."

"Ka quod im daught habe un nam," iey el Mokye, "sei ne antwehrdent quando bihnt kalt?"

"Imge daugh' ka neid," iey Alice; bet suppono est util im leuds qui im dahnt nams. Sonst, ma habient jects un nam?"

"Ne woidim," jawieb el Mokye, "In cid bosc, jects ed gwivs ne han' nam—Lakin, dah mi tien daftar insecten."

"Est ghi preter el Bugalak," inkiep Alice, hissabend-ye med sien finghers.

"Ed quel est el Bugalak?"

"Sei prefers, est un Ekwenmusch, ob swarmt ep ekwens."

"Vido. Spehc tel animal ep tod busk: est un Dengjiekwenmusch. Est alnos ex dreu, ed trehct weipend-ye ex ozd do ozd."

"Ep quod weuxt el?" sprohg Alice samt maungo curiositat.

"Ep savd ed kussut," iey el Mokye. "Nadaftar, prehgo."

Alice chohx el Dengjiekwenmuschem samt megil interesse, ed mieyn el hieb just biht repict, tantghi el kwohk lamper ed sleibic. Dind ia nabahsit: "Sont ischi libells, qui i mualims kale *Odnata.*"

"Spehc id ozd uper tien cap, ed ep id vidsies un Odnatal. Els corpos est ex natal-pudding; els ptergs sont arfulwaraks; ed els cap est un rosink aydhend in eau-de-vie."

"Ed ep quod weuxt el?" sprohg Alice, kam prever.

"Ex koliva ed *mince-pie,*" jawieb el Mokye, "ed el neizdt in un cadeau-scattule."

"Dind, sontschi Pelpels," nabahsit Alice, pos chehxus el insect samt aydhend cap, ed sammel mehnend: "Daumo an sei i insects tant kame plukes ambh kiers, est kay habe id sam cap quem el Odnatal!"

"Rempend pod te," iey el Mokye (it alarmet, Alice straxit brusk-ye sien peds), "maghs observe un Felpel. Els ptergs sont teun fels butterbrot, els corpos est un cruste, ed els cap est un schtuk suker."

"Ed ep quod weuxt *el?*"

"Mliak chay samt smantan eni."

Un nov difficultat enfiell ad Alice: "Ed sei el khakiet trehve chay ni smantan?" suggestit ia.

"In tod fall, el mehriet, naturelika."

"Bet to sollt wakye baygh ops," kauihsit Alice med un pensive ton.

"Semper wakyet," iey el Mokye.

Poskwo, Alice buit silent unte oin au dwo minutes, mimehnend. El Mokye, entrim, se zalissit drehnend-ye perambh ays cap. Bad, el liend iter ed sprohg: "Suppono ne leusskws tien nam?"

"No, sigwra ne," antwohrd Alice med un anter anxieus voc.

"Lakin kad to meis valiet," nabahsit el Mokye med uno neglegend ton. "Sehgne kam gadab esiet sei ghehdies te arrange kay gwirlaye aun tien nam! Mathalan, sei tien gouvernante te kalskwiet kay recites tien lections, ia criciet: 'Hayte'—dind ia skeuliet zawehle, ob neti esiet nam quosmed ia ghehdiet kale, ed, naturelika, ne skeulies obedihes."

"To nel-ye wakyiet kam to, som yakin. Mien gouvernante ne me fredeihiet lections ob tem pau. Sei ia khakiet mehme mien nam, ia criciet: 'Potnika', kam kwehrnt i khadims."

"Sei druve-ye ia kwehrskwt kam i khadims, iaghi ne wehliet te!"

"Joking, un gouvernante est un talim-khadim," jawieb relevant-ye Alice.

Neti woidend quo antwehrde, el Mokye se contentit med annmes extro un deub kwehster, menxu dwo taungh dakrus rohn ghom elsa gians.

"Ne tehrbies pites kwehre viz," iey Alice, "chunke to te tant biedaneiht."

Buit alyo melankholic kwehster, ed, ye tod ker, Alice ghohd credihes el Mokye se hieb forkwohstern, kunghi ia spohc ub, eet khicheti ep id ozd. Dat ia maung bisrigehsit ob seddus pelu aun movus, ia stahsit ub ed kwohryit sien itner.

Mox, ia arrivit do un ouvert plor, ocolo quod oistrohc uno mier bosc: id tengicit maung deusker quem id bosc ia hieb apterlikwn, ed ia khiss chixun intimiden de penetre id. Lakin, pos uno moment reflexion, ia decis nagwahe perodh: "neghi mutlak reicskwo retro," mohn ia, ed eet id saul itner quod duciet ei Octim Pold.

"Tod sollt ses id bosc," ia sib iey pensive-ye, "quer jects ed gwivs ne hant nam. Daumo quod vaht wakye mieni wi nam, kun habsiem entren id—Nel-ye kamiem luses id, ob anghen skeuliet mi dahe alyum ed ob id esiet quasi sigwra meg cherkin. Lakin, kam goil esiet pites trehve el creature quel behriet mien prever nam! To esiet kheptenn kam quant ta annunces vis quando leuds leuse ir kwaun:—'*antwehrdt ei nam "Dash"; hieb un cupern zgarda*'—me vido kalend: 'Alice' vasyens creatures incontriem hin oin ex i antwehrdt! Yed, sei esient hakime, nel-ye antwehrdient."

Ia eet wandernd it kun ia niek id bosco quod kwohl pleno med khuld skadh. "Gohd, in quant fall, est un megil tassalli, nabahsit ia penetrend-ye ender ia drus, pos tant gverehvs, arrive do id—do id—do *quod* tar?" nabahsit ia, lyt surpris ab khake trehve id werd. "Saycskwo: arrive ender ia—ender ia—ender tod!" ieyit ia dehnd-ye sien hand protiev id stamm uns dru: "Quod iblis est ids nam? Druve-ye credeihm tod hat neid nam—Bet, vedim, som sure id hat neid!"

Ia namohn silent unte oin wassime minute; dind, brusk-ye, ia exclamit "Also, toghi hat viwakyet! Eet ghi ver! Ed nun, qua som? To mutlak mehmskwo, sei possible! Som kheptenn gwaukan de mehme to!" Bet, makar ia eet kheptenn gwaukan, to ay ne dieugh pelu; quanto ia ghohd trehve, pos memehnus, buit to: "L, som yakin od inkapt med L!"

Just-ye tun priwiender un elembh. Is oispohc iam med sien weur mliak okwi, aun tengie dekhschat semkam. "Gwehm, eln!" iey Alice, regend sien hand kay pites brukes iom; bet is contentit-se med oistiupes lyt retro, dind hielt kay spehce iam iter.

"Qua es?" sprohg is Elembh. Kam swadh eet eys voc!

"To gairn gnohskwiem!" mohn ia orm Alice. Dind, ia antwohrd, destull trauric-ye: "Som nischt, nunkye."

"Mehn lyt," iey is Elembh. "Mehmsies."

Alice mohn, bet aun resultat. "Maghies tu, prehgo, mi sayge quis tu es?" sprohg ia med un timid voc. "Credeihm to mi hehlpiet lyt."

"Vahm tib sayge to sei gwehms con me dalger," antwohrd is Elembh. "*Her*, khako mehme to."

Alice glieb tender-ye id boywn ios mliakterkat Elembh, ed bo tohr id bosc. Quan arriveer in ouvert plor, is Elembh fujatan klieup ed se strubh leur ex ia brakhs ias kweil. "Som un Elembh!" scricit is med uno nraviht voc. "Ed, mien kyar, es un menscenpurt!" Un sweurghdiutis brusk-ye luc in eys bell karag okwi, ed, oin instant serter, is mwaungsousit ye plen speud.

Alice nastahsit spehcend iom, quasi parat ad plange balaht ob leusus tem oku sien habibe lytil safersokwi. "Lakin, woidim mien nam nun," ieyit ia, "est *sem* tassalli. Alice—Alice—niem myehrse id iter. Ed nun, quoter deik tehrbiem io sehkwe, daumo?"

Ne eet un baygh difficil question antwehrdtu, chunke eet tik oin itner, ed bo deiks pfohrst id. "Pancsiem un decision," sib iey Alice, "quan id itner dwighabelsiet ed sient pfehrste different directions."

Bet to ne kwohk wakyamukhtmel. Ia nakwohr un long itner, bet ielgs kun id via dwighiebel, bo deiks dar stahr ter ed pfohrst id sam direction, uter marct "KYE DWIDELGNAHNS DOM", ed alter "KYE DWIDELGNAHTS DOM".

"Som yakin," visieyg Alice, "od gwivent in id sam dom! Habiem tohrpt mehne de to auser—Bet ne tehrpsiem ambhkunges ter. Me contentesiem faungmoene i lyt, im sayge: "Kam leitte yu?" ed i sprehge unte ghehdo ex id bosc. Yadi ghehdiem do id Octim Pold pre noct!" Ia naghieng ed sammel nabahsit untitner, hina tournus unte un acut skamb, ia incontrit fauran dwo piwon smulk bonems. Ia buit tem surpriden quem ia khiek sib stambhes oistiupes retro; bet, oin instant serter, ia recuperit sien chienjwakow, iaghi eet yakin od bo smulk bonems solleer ses…

Capitel IV

Dwidelgnahn ed Dwidelgnaht

Bo stahr ender un dru, ieter samt sien brakh ambh alters coll, ed Alice gnohsit quoter eet quoter unte uno moment, ob uter hieb "GNAHN" altien ep sien colnier, ed alter "GNAHT". "Suppono hant "DWIDEL" ambh id caud irs colnier," ia sib iey.

Stahr tem still quem ia quasi myohrs eent gwiv, ed ia sachohxit kweter id werdo "DWIDEL" eet scriben ep id caud ieters colnier, quan iam spreudihsit un voc ex tom marct "GNAHN".

"Sei mehns od smos woxfigures," iey is, "tehrpsies payghe. Woxfigures ne sont dighen kay bihe chohxen gratis. Nel-ye!"

"Punor," etimlu so marken "GNAHT", "sei mehns od smos gwiv, tehrpsies tolke."

"Druve-ye afsos," buit quantum Alice ghohd sayge, iaghi paroles ios veut songv eeswiswehne in ays cap kam id ticken os un saat, ed ia quasi khiek sib stambhes sayge ia jahar:—

"Ies Yems Dwidelgnahn ed Dwidelgnaht
iskweer contra mutu combate
ob Dwidelgnahn sieyg od Dwidelgnaht
hieb vrohnct eyso jamile nov egalt.

Just ye id sam moment kyens ghom pluk
un katrankyehrsen mustring corcuk;
quel tant impress noster dwo hayducs
quem ob to ir courage buit reduct."

"Woidim de quo es mehnend," iey Dwidelgnahn; "bet to ne est ver, nel-ye."

"Punor," nabahsit Dwidelgnaht, "sei to esiet ver, to khakiet ses ghaw; ed suppose to esiet ver, to ne esiet ghaw; bet dat ne est ver, est ghaw. Est logic."

"Eem daumend," iey Alice baygh polite-ye, "de quoter itner tehrpt bihe kwohrn kay salge tod bosc, temghi bideusct. Maghiete yu plais dikes id mi?"

Bet ies piwon lytil bonems contenteer-se med spehce mutu ed cakhine.

Tem kwohkeer kam dwo mier scolpwarns quem Alice khiek stambhes sib pfehrste Dwidelgnahn, ed sieyg: "Preter pwarn!"

"Nel-ye!" scricit akster-ye Dwidelgnahn, poskwo zaghyien sien ghyanu samt un stumpo blosk.

"Alter pwarn!" iey Alice, volgend kye Dwidelgnaht, quayque ia khiss destull yakin is contentiet-se med crie "Punor!" ed to kwohr is.

"Tu baygh dustekhnass!" scricit Dwidelgnahn. "Quan anghen faungmoent, anghen inkapt med sprehge: "Kam leitte yu?" ed dind mussafahet!" Poskwo bo braters glieb mutu med ein brakh, ed rexeer ir alter hand, quoter hieb remanen leur, kay mussafahe iam.

Alice ne iskwit mussafahe preter tik oiter ex iens, ibo hurtes id khisses alters; itak, bila dohbrer solution, ia sammel mussafahit bo hands: oino moment serter, quants tri gwetierm. To kwohk destull natural (kam ia mohm serter), ed ia ne hatta buit surpriden ab aure sem kanto music: tod tengicit gwehme ex id dru ender quod eent dansend, ed tod eet kant (tem quem ia ghohd tarke) ab ia ozda ghneihnda mutu kam vitules ed archets.

"Bet quo mi kwohk druve-ye bizarre," explicit Alice ad sien swester, kun ay narrit sien aventures, "to buit quando wohsim sehngvend: '*En nos ambh id dout*'. Ne woidim quando io inkiep, bet semkam io hieb id pondos io hieb sohngvt id diutos!"

Bo alter dansers eent piwon, ed buir baygh mox exterannem. "Quar gwetarms sont kafi pro oin dans," kwohster Dwidelgnahn, ed ies zadiens tem oku quem ies hieb inkapen: id music stopit ye id sam moment.

Tun ies oislebh Alices hands, ed stahr spehcend iam unte uno minute: buit un anter gwaurod pause, ob Alice ne siegvit kam inkape un conversation con leuds con quens ia hieb just-ye dansen. "Est ne druve-ye possible sayge: "Kam leitte yu?" nun," mohn ia; "mi kwehct od hams uperliten to semkam!"

"Spehm ne ste maung strak?" visprohg ia.

"Nel-ye. Ed dank *spollay* ob suwale," iey Dwidelgnahn.

"Obligat!" addih Dwidelgnaht. "Kamte yu poesis?"

"Ya-a, baygh—certain poems," iey Alice maschkouk-ye. "Maghiete yu mi sayge quoter itner duct ex id bosc?"

"Quod vahm io recite ay?" iey Dwidelgnaht, spehcend Dwidelgnahno med mier solenn okwi, ed ne kaurndo de Alices question.

"'*Is morja ed is tecton*' est id longst," jawieb Dwidelgnahn, glabend-ye preihplen-ye sien brater.

Dwidelgnaht inkiep fauran:

"Id solo blig—"

Her Alice venturit ad interrumpes iom. "Sei tod est *baygh* long," ia iey, tem polite-ye quem ia ghohd, "maghiete yu plais preter mi sayge quoter itner—"

Dwidelgnahto smih gentile-ye, ed rinkiep:

"Is solo blig uper id mar, blig med sien hol augos:
is druve-ye kwohr tem quem is ghohd, kay bert kwohk id salgos—
ed to eet stragn, ob eet inkapem ios maurgios.

Ia meun eet bleigend skeud-ye, ob ia mohn od is sol
hieb neid sabab bi quod ses ter yant hieb gwohmt id noct—
'So est baygh bowrley,' ieyit ia, 'ob gwehme ad klehpte mien rol!'

Id mar eet bilkull permadht, ia sands eent baygh siuk.
Neid nebh ghohdit bihe viden ob eet neid mighelschtuk
Nei avs eent in id waurn ob eent nei avs qui pluk.

Is Morja ed is Tectono nieb mutu ghiengeer;
Tant eent enorm sandwakels, quem aunstop pliengeer:
'Ke to hol bihiet abfirschen, meiliems!' ies sieygeer.

'Sei sept puwnsters samt ein firscha unte oin pwolyar sdrabhient,
Mehns tu,' iom sprohgit is Morja, 'od ias bad kamyabient?'
Bitter-ye antwohrd is Tecton: 'Kafi wakt ne habient.'

'Ostris, gwehmt' ghi ad spassere lyt!' is Morja im propos.
'Ep tod ripa quod odet sald, smad ghange ad tolke con nos.
Yed ne hams kafi hands pro dehrje meis quem quar bayna vos.'

Is veutst ex i Ostris spohc iom, ed aun bahe decisit:
Dind is oiscussit sien gwaur cap, ed sammel is micit—
maynend it is sien Ostritsun, nel-ye linkwes iskwit.

Bet quar yun Ostris oispohd ub, quanti ravanlasni
Ir mantels eent suabrusten, ip't eent sualavni,
quo est logic, ne mutt bihe daumt, chunke i gwivent saldmi.

Quar alyi Ostris sohkweer, dind quar alyi kyid caust
Ed kathire i vigwohmeer, it buit ir numer auct.
Quanti klaupend bayna ia volns, kyid khayghian quanti waurs.

Is Morja ed is Tectono nakwohr lyt meis ir ghang
Pre ies rahiet ana id mar, ep uno mier lewank
Ed vasyi smulk Ostris oistahr, patient-ye skohpt in rang.

'Id tid hat gwohmt,' is Morja sieyg, 'os tolke de pelu jects:
De schous—ed navs—ed mouherwox—de kaupusta—ed legs—
Ed ma id mar est brehnend chald—ed kweter swins hant ptergs.'

'Skehptt'!' exclameer i Ostris, 'pre nies conversation;
oiks ghi ex nos sont exhausen, ed wey quants smos piwon!'
'Neid probleme!' antwohrd is daber, dienkeer tom Tecton.

'Un khlayb dvan,' ieyit is Morja, 'wey tehrbmos khaliban:
piper ed acete ka wolga vahnt nos kwehre meg gaman—
Nun sei ste parat, kyar Ostris, smad inkape nies chifan!'

'Bet ne smos id chifan!' iey i, inkapend bihe dekhschat.
'Pos tant lutf, to druve-ye esiet un inexspectet fat!'
'Id noct est swadh,' is Morja iey, 'spehm id vos est amat!'

'Dank spollay ob gwehmus hetro! Yu habte esen baygh sell!'
Is Tecton sieygit neid ploisko: 'Oiskehrz nos alyo fel:
Sei instet balbel habies klut quo ego suwiel.'

'Ne aygves tu,' iey is Morja, 'kapanus ithan i,
pos habe wohlbert i tem dalgtro, ed trehteihvs tem jaldi!'
Is Tecton sieygit neid ploisko: 'Gratis est manafi!'

'Taziya,' ieyit is Morja, qui baygh trauric kwohkit.
Samt sleucts ed dakrus ardehsit sekwent mege i Ostris,
Sammel dehrjend sien gephandchirk ant sien plangend okwi.

'O Ostris,' ieyit is Tecton, 'Ne habte yu gairn gredden!
Siemos wey aiwiter trehte hem?', it eet eys werden.
Weidwos neid antwehrd aiwo gwohm, chunke ies hieb i
edden.

"Meis meilo iom Morja," iey Alice, "ob is, yu vidte, *lyt* rahimiet i orm ostris."

"Lakin is ess meis quem is Tecton," iey Dwidelgnaht. "Yu vidte is dohrj sien handchirk ant sien enokwo, kay is Tecton khiek hissabe quayt is ghens, punor."

"Quod un kabahat!" iey Alice indignat, "tun meis meilo iom Tecton, sei is ne ess tant quem is Morja."

"Bet is ess tant quel is ghohd," iey Dwidelgnahn.

To eet enigmatica. Pos un pause, Alice nabahsit: "*Boghi* eent meg nekhauris persons—" Ye tod moment ia ambhchohxit samt sem alarme, aurnd semjecto quod ay swohn kam id kwehs uns large steummotor in id bosc prokwem i, quayque ia biey to eet meis mukhtmel-ye un gver. "Kwe sont sem lions au tighers ambh her?" sprohg ia timid-ye.

"Est tik is Rudh Roy qui snarct," iey Dwidelgnaht.

"Gwehm ad spehce iom!" crier ies braters, ed ieter ghens ein hand as Alice, ed duxeer iam do quer is Roy eet swehpend.

"Ne est is *jamile* visu?" sprohg Dwidelgnahn.

Alice khiek honeste-ye yahe. Is vohs un buland rudh ghigilik, samt un piskyol, ed eet alnos fallsist kam un genis rhayr munassib kowp snarcend tem honar-ye quem is ghohd—"tem honar-ye quem ghehdiemos credihes eys cap vahsit sprehnge!" kam declarit Dwidelgnahn.

"Baym se forkheuldsiet ob lyehge ep id smeu grass," iey Alice, qua eet un baygh akelwent lytil bent.

"Est nun drehmend," iey Dwidelgnaht; "ed quod mayns tu is est drehmend de?"

"Nimen ghehdt gvaedde" jawieb Alice.

"Bet de *te*!" exclamit Dwidelgnaht, clackend sien hands triumphant-ye. "Ed sei is zadrehmiet nun de te, quer suppons tu esies?"

"Quer som nun, weidwos," iey Alice.

"Ne tu!" jawieb Dwidelgnaht honn-ye. "Esies neidloc. Ma, es tik sem ject in eys drehm!"

"Sei so Roy gehriet nun," etimlu Dwidelgnahn, "disparei-hies—bang!—just kam un kierluce!"

"Neghi!" exclamit Alice indignat. "Eti, sei men *som* tik sem ject in eys drehm, qua de *ste*, kamiem woide?"

"Lika," iey Dwidelgnahn.

"Lika, lika!" cricit Dwidelgnaht.

Is ghyohl tem jahar quem Alice khiek sib stambhes bahe: "Scha! Baym yu vahte protiebudes sei ste tem honar."

"Yes, daugh' ka neid od bahs aun protiebudes iom," iey Dwidelgnahn, "sei es tik oin iom jects in eys drehm. Meg suawoidst ne es real."

"*Som* real!" iey Alice, ed biplieng.

"Nel-ye vahs te buwes realer plangend-ye," kieu Dwidelgnaht, "est neid de quod plange."

"Sei ne esiem real," iey Alice—pwolgleihnda per sien dakrus, toghi kwohk tem joking—"ne ghehdiem plange."

"Spehm ne suppons ta sont *real* dakrus?" interrup Dwidelgnahn samt un baygh honnic ton.

"Woidim saygent non-sense, sib mohn Alice, "ed est stupid plange de to." Itak ia tiersit sien dakrus, ed rik tem vessel-ye quem ia ghohd: "Zowngschie tehrbiem anter ghehde ex tod bosc, ob druve-ye meg deusct. Mehnte yu vaht suyes?"

Dwidelgnahn ghyien un large seuysaan uper se ed sien brater ed spohc intro id. "No, ne mehno vaht," iey is, "bariem ne ender *her*. Nekam."

"Bet maghiet suyes *extro?*"

"Maghiet—sei cheust," iey Dwidelgnaht, "hams neid objection. Punor."

"Bo egocentrics!" mohn Alice, ed ia just vahsit sayge "Sell noct" ed linkwes iens, quando Dwidelgnahn gwohl ex ender id saan, ed siz iam per ays runc.

"Has tu viden *tod?*" sprohg is med un voc stupt ab grassab, ed eysa gehlb okwi brusk-ye pfwohng, menxu is pfohrst med un tremblant fingher uno smulk albh ject pod id dru.

"Est tik un egalt," iey Alice pos kaur-ye chehxus id lytil albh ject. "To mi est *egal*, trehve un veut ed vrohnct *egalt.*"

"To *ne* mi est egal!" cricit Dwidelgnahn, inkapend ambhstampe wild-ye ed wules sien kays. "Est vrohnct, weidwos!" Tun is spohc Dwidelgnaht, qui fauran sess ghom ep id grund, ed pit tupes ender id saan.

Alice dehsit sien hand ep eys brakh, ed sieyg samt un seutend ton: "Yu ne tehrpte tant grasbanasce de un veut egalt."

"Bet ne est veut!" cricit Dwidelgnahn, samt meger furia quem aiwo. "Est jadide, tib saygo—ho kaupen id ghes—mien jamile NOV EGALT!" Ed eys voc ludit do un perfect heul.

Entrim Dwidelgnaht eet peitend ye meist is ghohd zaghyane id seuysaan, samt se in id: quo eet un tem extraordinar ject ad kwehre, quem id quasi distraxit Alices attention ud eys grasban brater. Bet is khiekit kamyabe, ed se viimplohc in id saan, samt tik sien cap quod oistohlb ex: ed it is lyohg, ghyanend ed cludend sien stohm ed sien weur okwi—"kwehkend meis kam un pisk quem ceterject," mohn Alice.

"Weidwos samstehms de katue?" iey Dwidelgnahno med un sakwner ton.

"Suppono ya," jawieb alter skeud-ye, menxu se exstirpit ex id saan, "bet *iage* dehlct hehlpe nos ad due, woidst."

Edghi ies dwo braters abgwahr hand in hand do id bosc, ed rik pos uno minute samt ira brakhs plena med jects kam bolsters, vatragiutans, skaterts, cloches, ed ghiulsitlas. "Spehm sagvs tekhnasse de panges spilks ed node schnurs?" kieu Dwidelgnahn. "Tehrbmos klade ep nos ielg ex ta jects, ye quodgvonc weidos!"

Alice narrit serter od ia hieb naiwo vis anghens kwehre tant embarasse quem iens dwo braters. Est impossible fiker kam maung srohteer, ed kam mucha jects ies klas ep se, ed quayta difficultats ay dahr nodeihnd-ye iam schnurs ed knopeihnd-ye iam butons—"Druve-ye, sessient meis kam kwehlks veuten povestis quem ceterject, kun bad sessient parat!" ia sib iey, menxu ia arrangit un bolster ambh Dwidelgnahts coll, "kay stambhes eysi cap bihe zanchoun," kam is sieyg.

"Woidst," nabahsit is baygh-ye grave-ye, "est oin iom meist serieus jects qua maghe aiwo wakye semqual unte un boi—bihe zanchoun."

Alice glih honar-ye, yed kamyieb wehrte to do un kwast, ibo hurtes eys khisses.

"Tengiem io meg pall?" sprohg Dwidelgnahn, quos helm bihsit vidieht ep eys cap. (Is *kiel* id un helm, quayque id sigwra kwohk maung-ye meis kam un castrol.)

"Yaghi, *lyt*," jawieb Alice mliak-ye.

"Som baygh courageus daydey," nabahsit is ye khafi voc, yed tik hoyd gvolt mien cap.

"Ed *mien* dent gvolt!" iey Dwidelgnaht, qui hieb uperaurn id remarke. "Leito for newaler quem tu!"

"Tun tehrbies anter ne wighes hoyd," iey Alice, mehnend to esiet un waurmen kay kwehre pace.

"*Tehrbmos* lyt wighes, bet ne kauro de wighes diu," iey Dwidelgnahn. "Quod est nun id saat?"

Dwidelgnaht spohc sien saat, ed iey: "Quar saat trigim."

"Smad wighes tiel six, dind dinner," iey Dwidelgnahn.

"Baygh gohd," iey alter, anter yui-ye: "ed *ia* poitt spehce nos—lakin ne tehrps gwehme *baygh* prosch," nabahsit is: "daydey plago quanto ghehdo vide—quando som druve-ye excitet."

"Ed *ego* plago quanto ye prayghest," cricit Dwidelgnahn, "kweter ghehdo vide id we ne!"

Alice glih: "Yu sollte plage ia *drus* destull ops, ho id pondos," ieyit ia.

Dwidelgnahn ambhspohc samt un satisfact smeih: "Suppono niet nastahe oin dru, hol perambh, quando habsiemos zawight!"

"Ed to hol po un egalt!" iey Alice, dar spehnd de *lyt* aygvihes iens wighes ob un talg bagatelle.

"Tod egalt mi habiet esen egal," iey Dwidelgnahn, "sei id ne habiet esen jadide."

"Yadi gwehmiet el mustring corcuk!" mohn Alice.

"Est tik oin eins, woidst," sieyg Dwidelgnahn sieni brater: "bet maghs ghende id saan—est tem spei. Yed dehlgmos biwighes strax ob id waurn biht deusk."

"Hatta deusker quem mayns," iey Dwidelgnaht.

Dusk tem fauran quem Alice mohn un aumber adgwohm. "Kam deusk est tod aglu!" ieyit ia. "Ed kam oku id gwehmt! Bet, credeihm vide ptergs!"

"Est el corcuk!" scricit Dwidelgnahno med un schrill voc os alarme: ed bo braters abpersneer ed buir exter vid unte uno moment.

Alice curs lyt-ye do id bosc, dind hielt ender un platu dru. "Naiwo siet el ghehde tiel me her," mohn ia; "est baygh pior mustring pro snehge inter ia drus. Bet kamiem mae els ptergs plabient tem gvaltic-ye—To beuwt kam un druv hurcan in id bosc—Tya! Eno schal es semanghen biht abblahn ab id wind!"

Capitel V

Wuln ed Wed

Ja kiep id schal kun ia bahsit, ed ambhspohc po el suter: strax-ye gwohm ia Albh Ferz currend wild-ye unte id bosc, samt bo brakhs regen plaut, kamsei esiet pleukend, ed Alice baygh civil-ye gwahsit ghate iam con id schal.

"Som baygh masrour wakyit od buim in id agmo," sieyg Alice, kun ia hohlp iam ad reklade id schal ep se.

Ia Albh Ferz contentit-se med protiokwe iam samt bo aunhehlpia ed dekhschat, ed sammel sibswo repetih semjecto quod swohn kam "Butterbrot, butterbrot," Alice khiss od sei tohrb ses sem conversation aiwo, iage dohlg bitolke; bet ia ne wois quosmed inkape. Ia visieyg, destull timid-ye: "Oh! Tod hurcan eet due un mustring corcuk!"

"Ne woidim quel id est due, sonter vido ne sagvs due un Ferz!"

Alice mohn esiet kyopev argue ye idpet inkapem irs conservation, itak ia smih ed sieyg: "Sei vies Majestat acceptet dikes mi quosmed dehlgo tekhnasse, acsiem samt due diligence!"

"Bet nel-ye volo ke to biht kwohrn!" stun ia orm Ferz. "Me dedusim pon ia dwo akhir hors."

Habiet est baygh dohbrer, kwecto ad Alice, sei ia habiet habt alyanghen quel duiet iam, tantghi chapachul ia eet. "Ielg povesti est skeir," sib sieyg Alice, "ed ia hat spilks quantloc!—Poitto io readjuste voster schal pro vos?" nabahsit ia jahar.

"Daumo ma dusleit!" exclamit ia Ferz med uno melankholic voc. "Credeihm est os dusdumos. Ho spilken id her, ed spilken id ter; bet neid wassila kay satisface id!"

"Est impossible od sia seid, sei yu spilcte id tik ye oiter gon," kauihsit Alice, arrangend-ye mliak-ye ayso schal. "Ed, o Div! In quod stand est vies kays!"

"Id kaysbeurst hat-se implohcen eni!" ieyit ia Ferz kwehsternd-ye deub-ye. "Ed ho lusen mien pecten ghes."

Alice fortraxit id beursto tadbir-ye, dind kwohr bikull gohdst kay arrange id kays. “Hayte! Yu taiper meis suatengiete!” ieyit ia, pos mutasehus quasi vasya spilks. “Bet, druve-ye, yu tehrbiete gastalle un hajib!”

“Sigwra te gastallsiem sat plaisure!” declarit ia Ferz. “Dwo piengs ielg hevd, ed murabba ieter alter dien.”

Alice khiek sib stambhes glihes ed antwohrd: “Ne eiskwo bihe voster slouga—ed ne meg kamo murabba.”

“Est baygh lecker murabba,” insistit ia Ferz.

“In quant fall, ne wehno sem hoyd.”

“Ne habies sem, esdi wehnies,” ieyit ia Ferz. “Id reul est kam sehkwt: murabba cras ed murabba ghes—bet naiwo murabba hoyd.”

“Dehlct lakin gwehme yando ad ‘murabba hoyd’,” jawieb Alice.

“Noghi,” ieyit ia Ferz. “Est murabba ieter *alter* dien, yu woid.”

“Ne vos ghabo,” iey Alice. “To hol aralascht mien ment.”

“Est semper ithan quando anghen gwivt retro,” kauih ia Ferz med un dabron ton. “In-kap to semper lyt duseiht anghen—”

“Gwive retro!” Alice repetih samt megil staunos. “Ho naiwo klut de un talg ject!”

“—bet oin megil vantage in to est od memoria wehrct ambtro.”

“Som sure *mieno* wehrct tik ointro,” kieusit Alice. “Khako mehme jects pre wakyent.”

“Est un lyter genos os memoria quod tik wehrct retro,” kieu ia Ferz.

“Qualg jects suamehmte *yu* meist?” Alice venturit sprehge.

“Oh, jects wakyeer pos id niebst hevd,” jawieb ia Ferz samt un neglegent ton. “Mathalan, nun,” nabahsit ia, gleimend un pan plastire ep sien fingher menxu ia wohkwit, “est is Royal Messager. Est in prison, nun, ka kwoina: ed id mahel niet hatta inkape pre niebst credie: ed naturelika committsiet sien crime pos to hol."

"Suppose is naiwo committ id crime?" iey Alice.

"Tun hol esiet gohdst, ne?" ia Ferza sieyg, menxu ia bohnd id plastire ambh sien fingher med lyt reibo.

Alice khiss eet impossible nege *to*. "Weidwos to esiet dar gohder," ieyit ia. "Bet quo ne esiet gohder, est od biht puniht."

"Ter rhalts alnos," ieyit ia Ferz. "Buist yu aiwo puniht?"

"Ya, bet wahid-ye ob faults io hieb committen."

"Ed io woid tu wohsst tik waler ob to," sigwrit triumphant-ye ia Ferz.

"Ya, bet io hieb druve-ye kwohrn ia jects ob qua eem puniht," iey Alice. "To est alnos different."

"Bet sei ne habies kwohrn, to habiet esen dar gohder; gohder, gohder, gohder!" (Ays voc ieug ye ielg "gohder", hina bihsit ne meis quem un schrill crie).

Alice hieb just bisayct: "Bet est sem rhalt semloc—" kun ia Ferz bihul tem honar-ye quem ia khiek ende sien jumla. "Oh, oh, oh!" cricit ia scuttend sien hand kamsei ia habiet luskwn id ex sien brakh. "Mien fingher sehrct! Oh, oh, oh, oh!"

Ays cries oiswohn tem exact-ye quem id swistel uns locomotive quem Alice dohlg dehrje sien bo hands protie sien aurs.

"Quod tar wakyet?" ieyit ia, yant ia ghohd trehve id waurmen os aurihes se. "Est vies fingher stohnct?"

"Ne *bad* stohnct," ieyit ia Ferz, "sontern mox—oh, oh, oh!"

"Quan exspectet yu to siet wakye?" sprohg Alice, qua megye glihskwit.

"Quando pancsiem iter mien schal," stun ia orm Ferz, "id brosch ghyahsiet fauran. Oh, oh!" Kun ia sieyg ta werds, id brosch ghyahsit brusk-ye, ed ia Ferza siz id frenetic-ye kay pites zaghyane id.

"Zinhaar!" cricit Alice. "Yu dehrjte id alnos skeir!" Ia siz id brosch ep sien roig; bet eet pior sert: id spilk hieb sluben, ed ia Ferz hieb stohnct sien fingher.

"Vids tu, to expliet ma io sohrg nuper," ieyit ia smeihnd-ye ad Alice. "Nun ghaps kam wakyent jects her."

"Bet ma yu ne criete?" sprohg Alice, sammel se paratend ad dehrje sien hands protie sien aurs.

"Vedim, ho ja emitten quanta cries mi eet zaruri emitte," antwohrd ia Ferz. "Ka quod daughiet rinkape quant?"

Taiper, eet iter diewo. "El corcuk sollt abpleukus, mehno," iey Alice. "Som tem masrour hat abpluct. Io mohn id noct hieb gwohmen."

"Vanscho *ego* ghehdiem kamyabe ses masrour!" ieyit ia Ferz. "Lakin naiwo kwahm mehme quosmed. Yu sollte ses baygh masrour, gwivend in tod bosc, ed esend masrour quanlibt!"

"Way kheisso tem saul her!" declarit Alice med uno melankholic ton. Ed kun ays khalwa ay enfiell, dwo taungh dakrus rolleer ghom aysa gians.

"Io te iltije, stop!" scricit ia orm Ferza krampeihnd-ye sien hands ob desperation. "Mehn od es un mier pieg. Mehn de id itner has kwohrt hoyd. Mehn de id nunic saat. Mehn de quodquid, bet mae plang!"

Aurnd-ye to, Alice khiek sib stambhes glihes medsu sien dakrus. "Ghehdte yu stambhes vos plange mehnend-ye de certain jects?" sprohg ia.

"Bet weidwos, it tehrpt anghen tyices," antwohrd ia Ferz med un peremptor ton. "Vids tu, nimen ghehdt kwehre dwo jects sammel. Preter, smad mehne de tien oumer—kam yarat es tu?"

"Som septat. In druve, pwoloctimat."

"Inutil est sayge: 'in druve'. Te credeihm. Ed nun tu delhcs credihes eno: som exact-ye cent-oin yars, penkwe munts ed oino dien veut."

"Khako credihes *to*!" exclamit Alice.

"Druve-ye?" ieyit ia Ferz med uno mildetston. "Peit iter: annem deub in ed clud tien okwi."

Alice biglih. "Inutil est pites," antwohrd ia; "impossible jects khake bihe credihn."

"Suppono aus training. Quan eem samat quem tu, io me ee-exerce ad to oin pwolhor cadadien. Mi hat yando wakyen credihes tiel six impossible jects pre snidan. Enod mien schal abpleuct iter!"

Id brosch disbihus menxu ia Ferza tolkit, un stayg windcutt hieb abwehn ayso schal ocolo uno smulk sprut. Ia rexit iter sien brakhs, ed, ye tod ker, ia kamyieb saul kape id. "Ho id!" scricit ia med un triumphant ton. "Nun ioswo vahm spilke id, vahs vide!"

"In tod fall, suppono vies fingher leit waler?" iey Alice baygh polite-ye, tehrnd-ye id smulk sprut kay joine iam.

"Oh, maung waler, bella!" cricit ia Ferz quas voc bihsit ye acuter ye meis ia nabahsit: "Maung waler, be-ella! Be-ella! Be-e-e-e!" Senst werd buit un long blehgho quod tant swohn kam tod uns owes quem Alice sprud.

Ia spohc iam Ferz qua kwohk se veulbhus strax med wuln. Alice ghnih sien okwi, dind spohc iter, aun kamkwe ghabe quo hieb wakyet. Eet ia in un butique? Ed eet druve-ye un *owa* qua eet seddend ocolo id contor? Makar ia naghnih sien okwi, ia khiek vide alyo ject: iaghi eet in un deusko smulk butique, sien olans ep id contor, ed, face iam, eetghi un veut Owa, mehsgend ed seddend in un foteuyl, qua se interrup ex tid do tid kay spehce Alice per un weru bril.

"Quod kaupskws tu?" sprohg bad ia Owa, spehcend ub unte uno moment ex sieno mehsgmen.

"Ne *destull* woidim bad," iey Alice baygh mliak-ye. "Eiskwo, sei poitto, preter ambhspehce."

"Tu poitts spehce ant te, ed dextro ed levtro, sei vols; bet esdi poitts, tu khacs ambhspehce, nibo has ok apter tien cap."

Api, Alice ghi hieb neid ok apter sien cap. Also ia contentit-se med abgires ed chehxe proscher cada gjia.

Id butique kwohk pehlde med vasyalg curieusa jects—, bet id bizarrest eet od ielgs kun ia stier ad oino gjia kay vide quo lyohg ep id, todpet gjia eet alnos tuich, menxu ceters peripohld.

"Jects druve-ye kwehle baygh oku her!" ieyit ia bad med un schaki ton, pos passevs meis quem oino minute apterglanzes in vain un taungh bert objecto quod kwohkit auter kam un pupp, au kam un syumen-cutia, ed quod wohsit semper ep id gjia just uper quod ia eet chehxend. "Ed tod est quanten provocatorst—bet vahm kwehre eno—" namohn ia, menxu ay enfiell fauran un idee, "vahm apterglanzes id tiel id meist hog gjia. Suppono id sessiet meg embarassen de gwahe per id tavan!"

Todschi plan duys: id "jecto" tohr id tavan aisicst-ye, kamsei id swohd kwehre to.

"Es tu un magv au un dreydel?" sprohg ia Owa ghendend alyo pairo nadhen. "Vahs vidusihes me sei nawehrts it." Ia wohrg taiper med quardem pairs nadhen sammel, ed Alice khiek sib stambhes iam spehce med un hayran protiokwo.

"Quosmed iblis ghehdt ia mehsge med tant nadhs?" mohn ia alnos daumwent pieg. "Ye meis ia mehsct, ye meis kam un sweghi ia kwehct!"

"Sagvs tu ermes?" sprohg ia Owa, ay anancend-ye un pair nadhen.

"Ya, lyt—bet ne ghomi—ni med nadhs—" biiey Alice, bet enod, brusk-ye, ia nadhs transformeer-se do erms in ays hands, ed ia bedyohrc od iapet ed ia Owa sess in uno smulk bark snehgend inter dwo oupers; itak ia ghohd kwehre neid alyo quem suaermes bilkull.

"Ptors!" cricit ia Owa, ghendend-ye alyo pair nadhen.

Tod exclamationo ne kwehkend appelle un antwehrd, Alice naswigh ed naer. Eet semject baygh stragn in id wed, ia mohn, exghi tid do alyo, ia erms wogwneer-se ter darm-ye, ed gnebh ghohd ia bihe fortragen.

"Ptor! Ptor!" cricit ia Owa iter, ghendend-ye alya nadhs. "Vahs mox kape un crabe direct-ye."

"Un kyar lytil crabe!" mohn Alice. "Solliem kame."

"Ne me has tu aurn crie 'Ptor'?" cricit ia Owa grasban-ye, ghendend-ye un hol fasc nadhen.

"Sighi," iey Alice, "yu habte sayct to baygh ops—ed baygh jahar. Plais, quer *sont* ia crabes?"

"In id wed, weidwos!" ieyit ia Owa, sehnd sems iom nadhs do sien kays, aysghi hands eent uperplen. "Ptor, oins meis!"

"Bet ma saycte yu: 'Ptor' tem ops?" sprohg Alice, lyt balahn. "Ne som un av!"

"Sighi," ieyit ia Owa, "es un ghansika."

To offens Alice lyt, itak neti buit conversation unte oin au dwo minutes, menxu id nauk naslid mliak-ye, yando bayna wayzdenbeds (qua implohc ia erms darm in id wed, meis ghyalir quem prever), ed yando ender drus, bet semper samt ia sam buland sreumenoupers brovend uper ir caps.

"Oh, plais! Sont sem vadja!" scricit Alice unte un brusko joytransport. "Yaghi—sont *mutlak* schungjin!"

"Inutil est *mi* sayge 'plais' d'ia," ieyit ia Owa, aun spehce ub ex sieno mehsgmen. "Ego ne ho deht ia ter, ni vahm abnihes ia."

"No, bet io mieyn—plais, maghmos wey skehpte ed karpe sems?" plid Alice. "Kwe vos esiet egal an stopte id bark unte oin minute?"

"Eiskws kem *ego* stopo id quosmed? Tib est tik zaruri zaermes, idswo stopsiet."

Itak id nauk buit sisen drives proapo, hin id slid bayna ia vadja qua wip sekwent id brise-annem. Tun, ia lytil armels buir kaur-ye rollt ub, ia lytil brakhs mers do id wedo tiel ia olans kay sizes ia vadja ghemst-ye bilkull pre brehge ir stebs—ed, unte un khvil, Alice myohrs alnos iam Ow ed ays mehsgmen, kun ia se clihsit uper id bord ios bark, id bud siens implohcen kays tehngend in id wed, menxu samt bleigu lasni okwi ia kierpit bouquetes tom khauris vadjen.

"Tik spehm mae id bark vaht kwehlpe!" ia sib sieyg. "Oh! Tod! Kam bell id est! Way ho khaken kape id!" Ed to eet semjecto druve-ye balahnend ("anghen credeihiet est makhsus," mohn ia) vide od, sei ia kwahiet karpe wakels om schungjin vadja, eet semper oin, beller quem alters, ia khiek nake.

"Ia meist jamiles sont semper pior dalg ud me!" visieygit ia semper samt un regretkwehster, vidend-ye od ia vadja perstiv crehsce tem dalg. Dind, samt alnos eroudha gians, wed gheuttend ud sien kays ed hands, ia sess tsay ed biarrangit ia kleis ia hieb just-ye trohft.

Ia vadja hiebeer biulct, bilust iro profume ed ir beauteit, yantpet ia hieb karpen ia: bet ia ne kieur de to pro id mund. Yu woid, hatta druv vadja dure unte baygh pau wakt, ed ta, esend drehmvadja, ulg tem oku quem sneigv taht ender id sol, kowpta pod Alice: bet Alice payn-ye kieu to, eentghi tant curieusa jects de qua mehne.

Id bark ne hieb gwaht baygh dalgtro kun id denwrnt oinios iom erms wogwnit-se in id wed ed refusit salge tetos (it explicit Alice id incident sekwos). Dind id hamando tusit sub ays mant ed, nespekent un serie smulken cries ia orma magv inkiep emitte, ia buit abfirschet ud ep sien seddo dind oistert ghom ep id vadjenkowp.

Iam neid gvolit, ed ia oistieu tsay quasi fauran. Hol entrim, ia Owa hiebit namohsgen, just kamsei neid hieb wakyen. "Tu hieb kapt un baygh bell crabe nuper!" ieyit ia, menxu Alice sess tsay ep sien place, baygh rohmt ab dar wehse in id bark.

"Druve-ye? Ne ho viden el," antwohrd ia bent spehcend-ye tadbir-ye id deusk wed ios rivier. "Regreto el hat abgwahn—

tant kamiem bringhes sem smulk crabe hem!" Bet ia Owa tik-ye glih honn-ye, sammel quem ia namohsg.

"Kwe sont maung crabes unte her?" sprohg Alice.

"Sont crabes ed vasyalg jects, antwohrd ia Owa. "Pohltos cheusen, tehrps tik decide. Vedim, quod kaupskws tu?"

"Kaupe!" repetihsit Alice, med un sammel surpris ed dekhschat ton, iaghi erms, id bark ed id rivier hieb disprohpen unte oin instant, ed ia wohs iter in id smulk temost butique.

"Plais, kaupskwo oin oiv," nabahsit ia timid-ye. "Qua coste ia?"

"Dec grosch po oin, ed quar grosch po dwo," antwohrd ia Owa.

"Tun dwo sont ieftiner quem oin?" sprohg Alice staun-ye, ghendend-ye sien jusdan.

"Ya, bet sei kaups dwo, skeuls edde ia bo," antwohrd ia Owa.

"Tun, ghendsiem tik *oin*," iey Alice ponend-ye ia denars ep id contor. "Pos quant, kad vasya ne sont meg fresch."

Ia Owa ghens ub ia denars ed kwiwit ia do un cutia; dind, ia declarit: "Naiwo dehm ia jects do ia hands im leuds—to ne dehbht—Tuswo tehrps ghende id oiv." Pos ta werds, ia gwahsit do id bud ios butique, ed oistohl id oiv ep un gjia.

"Daumo ma to ne dehbhiet?" mohn Alice, se sehndend-ye ambhtastend-ye bayna ia tables ed stuls, idghi bud ios butique eet baygh temost. "Ye proscher id oiv, ye dalger kwecto ud me. Vedim, est tod ya un stul? Ma, hat ozda! Kam bizarre est trehve drus her! Ed est terkye un smulk sprut! Est druve-ye id extraordinarst butique ho aiwo viden in mien gwit!"

Ia nastohmb, surpriser pos ielg stieup ar vasya objects bihr drus kun ia gwohm pri ia, ed ia eet yakin id oivo vahsit kwehre id sam.

CAPITEL VI

Humpty Dumpty

Lakin, id oiv eebeibiht stets larger, ed stets menscliker: quan ia hieb gwohmt unte oika yards dalg ud id, ia vis id hieb okwi, nas ed stohm; ed quan ia hieb gwohmt prokwem id, ia vis clar-ye od eet ispet HUMPTY DUMPTY. "Khact ses alyanghen!" ia sib sieyg, "Som yakin de to, kamsei eys nam esiet script ep eys lige."

Id habiet maghen ses oiscriben cents, facil-ye, ep tod enorm lige. Humpty Dumpty eet seddend samt crucen jambs, kam un Tyrk, ep id topp uns anghios mur—tem anghios quem Alice dieum anter is ghohd gwupes sien tula—ed, dat eys okwi eent starnd ei witer direction, is nel-ye kieu iam, ed ia mohn is sollit ses berkyet.

"Ed kam exact-ye is samkwehct un oiv!" ieyit ia jahar, sammel ia rexit sien hands kay kape iom, iaghi exspectit vide iom falle ye cada moment.

"Est druve-ye balahnend," declarit Humpty Dumpty pos un long silence, dar aun spehce Alice, "ses kalt un oiv—extreme-ye balahnend!"

"Ho sayct yu *samkwehcte* un oiv, Poti," explicit Alice baygh latif-ye. "Ed sont oivs qua sont meg jamile," nabahsit ia, spehnd-ye transforme sien remarke do un sorte os compliment.

"Sont leuds," etimlu Humpty Dumpty, continuend-ye ne spehce iam, "qui ne hant meis sense quem un baby!"

Alice ne wois quod antwehrde. Ia pohnd od to nel-ye kwohkit kam un conversation, dat is ay sieyg naiwo jecto direct-ye (eysghi akhir remarke concernit okwivid-ye un dru). Iaghi nastahsit still ed sib recitit ye khafi voc ia sehkwnda stiches:—

Humpty Dumpty sess ep un wall:
Humpty Dumpty hogtos hat fallt.
Quanti Roys soldats ed eys quant ritters
Khiek seddihes Humpty Dumpty ep eys wall iter.

"Id sens' stiche est pior long binisbat alters," nabahsit ia quasi jahar, myehrsend-ye Humpty Dumpty vahsit aure iam.

"Mae man ter snatternd saul," iey Humpty Dumpty spehcend-ye iam ye id prest ker, "sontern sayg mi tien nam ed quo gwehms ad kwehre hetro."

"Mien *nam* est Alice, bet—"

"En un destull stupid nam!" declarit impatient-ye Humpty Dumpty. "Quod maynt id?"

"Tehrp' druve-ye un nam mayne semject?" sprohg Alice samt un dwoiton.

"Yaghi," Humpty Dumpty sieyg samt un cort gleih. "*Mien* nam maynt id forme quod som—ed id est unschi gohd jamile forme. Med un nam kam tien, tu maghs ses quosquid forme, yaghi."

"Ma seddte yu her saul?" iey Alice, ne vanschend inkape un debat.

"Bet, vedim, ob est nimen con me!" scricit Humpty Dumpty. "Credihst tu ne gnohsim id antwehrd tei question? Sprehg me de alyoject!"

"Ne credeihte yu esiete meis salv ghomi?" nabahsit Alice, ne eiskwnd uno muamma, sontern mer-ye ob ia eet khalal ed swurgh de iom bizarre creature. "Tod mur est angh!"

"Eiskws muammas uns extraordinar facilitat!" brohm Humpty Dumpty. "Weidwos ne credeihm to! Vedim, sei aiwo vifalliem kata tod mur—quo est alnos improbable—bet, bad, suppose fallo tetos—(Ye tod moment, is compag sien lipps, ed kwohk tem solenn ed majestueus quem ad Alice maung-ye molicit sib stambhes glihes). Suppose fallo tetos," nabahsit is, "*is Roy mi hat promiss*—ah! Poitts pallasce, sei vols! Ne mohnst vahsim sayge to, ne? *Is Roy mi hat promiss—swostohm-ye*—eh—"

"Promiss yises sien quant ritters ed soldats," interrup Alice destull nemehnus-ye.

"Nun io declare est pior khiter!" cricit Humpty Dumpty, stayg passionat, "Has klun apter dwers—ed drus—ed ud atopp camins—sonst ne habies woiden to!"

"Noghi!" iey tawrlien-ye Alice. "Est in un buk."

"Ah ya! Maghent scribe talg jects in un *buk,*" Humpty Dumpty sieyg med un sakwner ton. "Est quo yu kalte un Historia os England. Nun, suaspehc me! Ego ho baht uni Roy; kad nies aiwo vide semanghen kam me; ed kay tib suadikes ne som mynder, tib permitto ke mussafahems!" Poskwo, is oismih quasi ex oiter aur do alter (se clihnend-ye tem perodh quem quasi neid habiet est tohrpt kay is falliet kata id mur), ed rexit sien hand ad Alice. Ia ghens id, ed sammel spohc iom samt un anxieus protiokwo. "Sei smeihiet chixun meis, eys serkwens ghatient mutu aptro," mohn ia; "ed, in tod fall, daumo quod wakyiet eysi cap! Credeihm ghi id falliet!"

"Ya, eys quant soldats ed ritters," Humpty Dumpty nabahsit. "Me reseddeihient unte oin minute! Bet tod conversation leit lyt pior oku; smad gwehme tsay do nies preakhir remarke."

"Baym ne suamehmo id," iey Alice polite-ye.

"In tod fall, maghmos rinkape, ed est mien roig os chuses un subject—" ("Dar baht kamsei leitiet de un leik!" mohn Alice.) En un question quei dehlcs antwehrde: Kam yarat hiebst tu sayct tu ees?"

Alice hissieb unte sem instant, ed antwohrd: "Pwoloctimat."

"Est ghaw!" exclamit Humpty Dumpty samt un triumphant ton. "Ne mi has aiwo saygen un werd de tien oumer."

"Io credih yu mieyn: 'Kam yarat es tu?'" iey Alice.

"Sei habiem maynt to, habiem sayct to," iey Humpty Dumpty.

Alice natieyc, iaghi ne inkiepskwit alyo discussion.

"Pwoloctimat!" repetih Humpty Dumpty samt un pensive ton. "Est un baygh negadab oumer. Vids tu, sei mege habies buden ad radhe, tib habiem saygen: 'Stop septat—' Bet, taiper, est pior sert."

"Naiwo beudo ad radhe de mien crosct," declarit Alice samt un indignat protiokwo.

"Es pior mynder?" sprohg alter.

Alice buit dar indignater aurnd-ye ta werds. "Mayno," explicit ia, "od un magv khact sib stambhes crehsce."

"*Un* magv, magv-ses; bet *dwo* magvi ghehde. Sei tu habies esen dohbro hohlpen, habies ghohden stope septat."

"Kam un bell yeusmen yu vehste!" iey Alice fauran. (Ia kohns i hieb kafi tolken de ays oumer; ed, sei, i tohrb druve-ye chuses un subject ein pos ein, eet taiper ays roig.) Bariem, ia se correxit pos un second bren, "un bell cravat, habiem io dohlct sayge—no, un yeusmen, mayno—afsos!" exclamit ia, alnos consternat, ar Humpty Dumpty tengicit extreme-ye vexen; ed ia biregretit cheusus talg subject. "Yadi woidiem," mohn ia, "quod est lendv ed quod est coll!"

Humpty Dumpty eet aschikar-ye baygh-ye grasban, quayque is sieyg neid unte oin au dwo minutes. Quan is wohkwyit, buit med un khafi ed grehmend voc.

"Est druve-ye *exasperant* vide," iey is, "od sem leuds khake enderkwites un cravat ud un yeusmen."

"Woidim me ho bevis baygh jahar," antwohrd Alice med un tem humil ton quem Humpty Dumpty mliakeriesc.

"Est un cravat, mien magv, ed un baygh bell cravat, kam has tuswo kauihn. Est un hadia ud iom Albh Roy ed iam Albh Ferz. Quod mayns tu de id?"

"Druve-ye?" iey Alice, baygh noroct ob vide ia hieb chusen un dohbro subject os conversation.

"Mi hant dahn id," nabahsit Humpty Dumpty samt un pensive ton, crucend-ye sien jambs ed ghendend-ye oiter sienen genus med dwo hands, "ka negnahdienmaton."

"Vos beudo ad pardon?" iey Alice, baygh intriget.

"Ne me has offens," antwohrd Humpty Dumpty.

"Mayno: quod est un negnahdienmaton? "

"Est un maton dahn ad anghen quando ne est anghens gnahdien."

Alice reflex unte uno minute. "Prefero gnahdienmatons," videclarit ia.

"Ne woidst quo saycs!" scricit Humpty Dumpty. "Quayt diens tehlpe in oin yar?"

"Tricent sixgim penk," iey Alice.

"Ed quayt gnahdiens has tu?"

"Tik oin."

"Ed sei giows oin ex tricent sixgim penk, quod etileikwt?"

"Tricent sixgimquar, naturelika."

Humpty Dumpty kwohk maschkouk. "Preferiem vide to scriben ep papier," declarit is.

Alice khiek sib stambhes smihes, sammel kun ia ghensit sien bukil, ed hissieb id substraction.

$$\begin{array}{r} 365 \\ \underline{1} \\ \underline{\underline{364}} \end{array}$$

Humpty Dumpty ghens id bukil, ed chohx id rechwng. "To mi kwehct baygh gohd—" bisieyg is.

"Yu dehrjte id bukil supihn!" exclamit Alice.

"Yaghi, est druv!" iey vessel-ye Humpty Dumpty, menxu ia wohrt id bukil do id rect sense. "To mi tengicit lyt bizarre—Kam io sieyg, to mi kwehct baygh gohd—quayque ne ho id wakt os verifie—ed to tib deict od sont tricent sixgim quar diens kun poitties dake negnahdienmatons—."

"Weidwos," iey Alice.

"Ed *oin* dien pro gnahdienmatons. En klewos pro te!"

"Ne woidim quo yu maynte tosmed," iey Alice.

Humpty Dumpty smih honn-ye: “Naturelika. To woidsies bad kun tib habsiem expliet to. Io mieyn: “En un bell aunjawab argument!”

“Bet ‘klewos’ ne maynt: ‘un bell aunjawab argument!” iey Alice.

“Quando, *ego*, neudo sem werd,” declarit Humpty Dumpty iter destull honn-ye, “id maynt exact-ye quo me plaist od id mayna—neter meis, ni minter.”

“Id question est,” iey Alice, “kweter yu ghehdte oblige ia werds ad mayne different jects.”

“Id question est,” iey Humpty Dumpty, “quoter sessiet is mayster—est hol.”

Alice buit maung pior desconcerten pro addihes quodkwe. Also, pos uno moment, Humpty Dumpty nabahsit: “Sont sems qua hant un impossible pinseing—besonters ia verbs, sont ia meist gururics—ex ia adjectives deught anghen quodlibt, bet ne ia verbs—lakin, pliehgo kay dehme vasya kam sont, ego! Impenetrabilitat! Eno *ego* saygo!”

“Docskwte yu mi, prehgo, quo to maynt?” sprohg Alice.

“Enod bahs ka kemall magv,” iey Humpty Dumpty samt un baygh satisfact protiokwo. “Med ‘impenetrabilitat’, mayno hams kafi tolc’ de tod subject, ed od esiet dohbrer ke me mantheihs quo kwehrskws nun, suppono ghi ne wehns mane her tiel tien ajal.”

“Yu druve-ye mayneihte oin werd maung jects,” kauihsit Alice samt un pensive ton.

“Quando maung wehrgeihm un werd, ei paygho semper maung meis.”

“Oh!” exclamit Alice, qua eet maung pior hayran pro addihes alyo ject.

“Ah! Tehrbies vide ia gwehme ambh me ye sabd vesper,” nabahsit Humpty Dumpty yaund-ye grave-ye sien cap levtos dextro ed dextos levtro, “kay dakent ir paygh, vids tu.”

(Alice ne dursit sprehge iom quosmed is pieygh ia; itak khako manthihes *vos* to.)

"Yu tengiete baygh mahir kay explie werds, Poti," ieyit ia. "Eiskwte yu ses kafi maedwn kay mi explie quo maynt id poem '*Jabberwocky*'?"

"Recite id mi. Ghehdo explie vasya hoydtro invent poems— ed un kowp alyen qua ne bad buir invent."

To kwohk baygh tassallisant; also Alice recitit id presto strophe:—

"Ye grillsaat, illangver toves
In id antper curp ed gyre'r
Misermithav e'nt borogoves
Ed hemti rathi mugswihse'r."

"To est kafi kay inkape," declarit Humpty Dumpty. "Sont much difficil werds eni. '*Grillsaat*' maynt 'quar saat ios pos-middien', id saat quando mets bihnt *bigrillen* pro dinner."

"To mi kwehct perfect," iey Alice. "Ed '*illangver*'?"

"Yaghi, '*illangver*' maynt simple-ye 'ill ed elangver'. Vids tu, est un portmanteau, un werd hanct kata alyo."

"Nun io baygh suaprete," antwohrd Alice samt un pensive ton. "Ed qui sont i '*toves*'?"

"Ighi '*toves*' kwehkent part-ye kam borsuks, part-ye kam sinsars, ed part-ye kam corcscruvs."

"Sollent ses meg bizarre creatures!"

"Yaghi!" iey Humpty Dumpty. "Tehrbo addihes od neizdent ender solsaats, ed od weuxent ep caise."

"Ed quod mayne '*gyre*' ed '*curp*'?"

"'*Gyre*' maynt kwikwehle kam un gyroscope. "*Curp*" maynt kwehre torms kam un curpen."

"Ed id '*antper*', suppono est id plor ambh id solsaat?" iey Alice, baygh surpriden ab sien wi dahia.

"Naturelika. Vids tu, est kalt '*antper*', ob strehct bo *ant* ed *apter* id solsaat. Dayir '*misermithav*', to maynt '*miser*' ed '*mimithav*' (iter un portmanteau). El '*borogove*' est un alnos maigher av, os jalnic aspect, samt ptors ghehrsend bachimien: semject kam un gwiv kenevire."

"Ed i '*hemti rathi*'? Maghiete yu explie mi to? Bariem, sei ne est pior sprehge vos—"

"Gohd, un '*rath*' est un sorte es glend swin; yed ne som certain de '*hemti*', suppono est id nominative plural indeterminat os 'hemtos'—'hem-tos', maynend od i se hieb forgwaht, vids."

"Ed quod maynt '*mugswihse'r'*?"

"Gohd, '*mugsweih*' est semject inter mughe ed swihes, samt un genis sternue in id medio; lakin kad aursies id in eid lays; ed quando habsies aurt oin mughsweihsa, credeihm sessies baygh satisfacen. Quel tib hat recitet tem difficil stiches?"

"Ho list ia in un buk. Bet semquis mi hat recitet stiches baygh meis facil quem ta—credeihm eet—Dwidelgnaht."

"Dayir poesis, woidst," iey Humpty Dumpty, regend oiter om siena mier hands, "*ego* ghehdo tem suarecite poesis quem alyi leuds, sei leit de to—"

"Oh, ne tehrp' bihe gwohmen do to!" Alice hast-ye sieyg, spehnda stambhes ei inkape.

"Id poesis vahm tib recite," nabahsit is aun kaue tod akhir jawab, "buit script wahid-ye kay amuse te."

Alice khiss od in tod fall ia druve-ye *tohrb* klues id, itak ia sess ghom, ed sieyg "Mersie" destull yui-ye.

"In winter, hol es' sneigvcovohrn,
Sehngvo tod songv pro tieno wohn—

ploisko od ne sehngvo id," addihsit is, ka explication.

"Vido ghi yu ne sehngvte," iey Alice.

"Sei ghehds vide kweter sehngvo we ne, has okwi meis nafiz quem pleisti," kieu Humpty Dumpty strehng-ye, menxu Alice natieyc.

"In wer, quan ia bosca bihnt glend,
Siem pites tib explie quo io mieyn."

"Dank spollay," iey Alice.

"In liento, quan ia diens sont long,
Maghses od tu sies ghabe tod songv:

In osyern, quan ia waraks fall'nt,
Niscrib to med papier ed kal'm."

"To kwehrsiem, sei dar mehmsiem id," iey Alice.

"Inutil est nakaue it," observih Humpty Dumpty; "hant neid sense, ed me sturbent."

"Im piskims ho yist un message:
Io hieb scriben 'Talg est mien vansch.'

Ed i lytil maritim pisk
Un antwehrd mi hant fauran script.

Ithan buit im pisken jawab
'Khakmos, Poti, bi tod sabab—'"

"Baym od ne druve-ye ghabo," iey Alice.

"Sessiet facil-ye nakleund-ye," jawieb Humpty Dumpty.

"Im rescripsim kay repetihes
'Esiet meg gohder obedihes.'

I piski antwohrd samt ilay:
'Ma, neid valt ke yu sayct' to tsay!'

Oins ed dwis ho ego to sayct:
I naiw eekleunt mieno radh.

Io ghens un cattil large ed rund
Pro quo eem operabund.

Menxu mien kerd eet aurn tundes,
Plehsim id cattil med id pumpe.

Tun semquel gwohm kye me ed sieyg,
'Vasyi lytil piski nun lyehge.'

Io ei sieyg poskwo ta werds,
'Tun i protiebudes iter tehrps'

Ego sieygim to bilkull clar;
Tem quem ei cricim baygh honar."

Humpty Dumpty tem jaharih sien voco kun is recitit tod stiche, quem Alice mohn samt un kreus, "Ne habiem esen is messager pro id mund!"

"Bet is eet baygh affectat;
Is sieyg 'Ne tehrps crie tem jahar!'

Ed is eet baygh affectat;
Is sieyg 'Siem protiebudes, agar—'

Ex id gjia io ghens un corcscruv:
Ab me i dohlg bihe protiebudt.

Ed quan io trohvim id dwer clus,
Io trieg, puscim, kielc ed oistus.

Ed quan io trohv id dwer perchint,
Io pitim wehrte id klink, lakin—"

Buit un long pause.

"Est to hol?" Alice sprohg timid-ye.

"Est hol," iey Humpty Dumpty. "Khuda hafiz!"

To eet anter un lyt brutal weidos de sranse mutu; bet, pos un tem clar allusion od ia tohrb abgwahe, ia khiss esiet pau polite mane. Ia ei rexit sien hand. "Adieu, tiel nies niebst ghaten!" ieyit ia tem vessel-ye quem ia ghohd.

"Suppose iter ghatmos mutu, sigwra niem te recognihes," declarit Humpty Dumpty samt un itab ton, ay regend-ye oin fingher ad mussafahe. "Kwehcs tant kam cadanghen!"

"Daydey bihnt leuds recogniht med ir lige," murmurit Alice samt un pensive ton.

"Chiowdeo de to schikaym," jawieb Humpty Dumpty. "Tien lige est exact-ye id sam quem tod altern—Tien dwo okwi ter—" (Is dik ir place in id air med sien pallex) "—id nas medsu, id stohm ender id nas. Est semper lika. Sei habies tien okwi ye id sam gon quem tien nas, mathalan—au tien stohm vice tien chol—to me hehlpiet lyt."

"To ne esiet jamile," respons Alice. Bet Humpty Dumpty se contentit med clude sien okwi, saygend-ye: "Skehpt peitus."

Alice mien dar oino minute kay vide an is vahsit nabahe; bet, dat is naclusit sien okwi ed neti kieur de iam, ia repetih: "Adieu!"; dind, neti dakend antwehrd, ia abgwahsit pridemye. Bet ia khiek stambhes sib murmure, sammel quem ia ghieng: "Ex vasyens decepend leuds ho aiwo ghaten—" Ia ne kwahsit ende sien jumla, yeghi tod moment un athime behngos peritariegh id forest.

CAPITEL VII

Is Lion ed is Unicorn

Ye id niebst moment, soldats accurs unte id bosc, preter ye pairs ed trins, dind ye decens au dwogimtias com, bad ye solg meneghs quem ies kwohk plehe id hol forest. Alice tup apter un dru ibo buit uperdraht ed spohc iens priage.

Ia mohn naiw in sien gwit hieb ia viden soldats tem nedarm ep ir peds: eekwehlpent semper uper quodgvonc obstacle, ed, ielgs kun oin ex iens fiell, plur alyi fiell ep iom, tem quem id swol buit mox tect med smulka kowps om stern yeudmen.

Dind gwohm i ekwi. Dank ir quar pods, i lyt meis suatekhniess quem ies infantiers; bet, nespekent hol, ischi kwohlp ex tid do tid; ed, ielgs kun un ekwis kwohlp, is reider abfiell instant-ye. Eet semper meis confusion ye cada moment, ed Alice buit baygh masrour de salge id bosco do un lawco quer ia trohv iom Albh Roy seddend ghomi, ed scribend yalos-ye do sien bukil.

“Ho yisen vasyens perodh!” scricit is Roy samt uno nravihn ton, yant is dyohrc Alice. “Dorgv magva, has tu kjiawxieng incontret soldats unte id bosc?”

“Ya,” antwohrd Alice; “credeihm sont plur tusents.”

“Sont exact-ye quar mil dwocent sept,” declarit is Roy se referend-ye sieni bukil. “Ne ho ghohden yises vasyens ekwens, ob tehrbo dwo ex i pro id schakhernu. Ed neschi ho yist iens dwo Messagers quoy hant abspohden urb. Spehc ghi ep id strad an oiter reict. Quod tar vids tu?”

“Nimen,” antwohrd Alice.

"Ego gairn habiem okwi kam tiena," iey is Roy med un gomravoc. "Ghehde vide Nimen! Edschi ye tod distance! Quantum ego ghehdo kwehre est vide i leuds qui druve-ye existe!"

To hol eet lust pro Alice qua, uperskadhend sien okwi med uter hand, nachohxit kyid strad. "Taiper vido semanghen!" exclamit ia bad. "Bet est gwehmend baygh lent-ye, ed hat druve-ye curieus attitudes!" (Isghi Messager eesiskandt ub ed sistrehkwt un angwi, untitner, ambiarkend siena mier hands kam un schaenziu.)

"Nel-ye," iey is Roy. "Est un Anglo-saxon Messager, ed eys attitudes sont anglo-saxon attitudes. Is hat ia tik kun est hirsic. Eys nam est Hǽs."

Alice khiek sib stambhes bisayge: "Habibe mi est Hǽs ob est Hirsic. Hainiem iom sei esiet Hideus. Iom pieuto med—med—Herbat ed Halwa. Eys nam est Hǽs, ed is Habitet—"

"Habitet ep un Holm," nabahsit is Roy baygh naturelika (aun kamgvonc aume is oismyohr id leik, menxu Alice dar pieursk id nam uns urb inkapend med H). "Id nam alters Messager est Hatta. Tehrbo dwo, vids tu—kay gwahe ed gwehme. Uter pro id gwahsa, ed alter pro id gumt."

"Vos beudo ad pardon?" iey Alice.

"Est baygh beghsadab budes ad semject aun addihes "plais!" iey is Roy.

"Io mieyn io ne hieb ghaben," iey Alice. "Ma uter kay gwahe ed alter kay gwehme?"

"Bet som tib expliend to!" scricit is Roy impatient-ye. "Tehrbo *dwo* kay vane ed behre jects. Uter kay vane, alter kay behre."

Ye tod moment arrivit is Messager. Maung pior exterannem kay ghehde bahe, se contentit med srehte sien hands bachimien ed frade ei Roy meist dekhschatic-ye.

"Sa yun potnika kamt vies H," iey is Roy, presentend Alice spehnd-ye diwehrte id attention ios Messager ud se—bet to ne dieugh—ia Anglo-saxon attitudes bihr extraordinarer ye cada moment, menxu eys mier okwi rolleer wild-ye ex gon do gon.

"Me besweurghs!" exclamit is Roy. "Kheisso io bayaldisse—Dah mi un herbat sandwich!"

Fauran, is Messager, ye Alices megil glewos, ghyien un sack hangend kata sien coll ed anac un sandwich ei roy qui praess id las-ye.

"Alyo sandwich!" bud is Roy.

"Etileikwt tik halwa, taiper," antwohrd is Messager glanzend do sien sack.

"Dah ghi mi halwa," murmurit is Roy med uno muzlim kwehster.

Alice buit alnos norocta de vide od halwa ei redahsit maungo gwis. "Neid est meis lecker quem halwa quando anghen kheisst bayaldisse," iey is ad Alice sammel is guriegh ia fruits ed id sirop.

"Io credih od eet gohder xubhes srig wed do anghens lige," suggestit Alice, "we inannmihes ammonium carbonate."

"Ne ho saygen od neid est gohder," jawieb is Roy, "sontern od neid est meis *lecker.*" Alice ne venturit nege to.

"Quel has tu incontret untitner?" nabahsit is Roy, regend-ye sien hand ei Messager kay so ei dahsit dar lyt halwa.

"Nimen" iey is Messager.

"Alnos exact," iey is Roy. "Sa kweil hat kathalika viden el. To preuft oin ject: quel ghanct lenter quem tu? Nimen!"

"Alnos ghaw," jawieb is Messager med un skeudo ton. "Est alnos invers: quel ghanct meis oku quem ego? Nimen!"

"Impossible!" iey is Roy. "Sei Nimen ghangiet meis oku quem tu, el habiet arriven tetro preter quem tu—Quodkwe bih to, nun od has recuperet tien annem, lehg nos lyt quo hat wakyen urbi."

"Vahm tib murmure to," iey is Messager clausbringhend-ye sien hands ka vocbehr ed se clihnend-ye prosch id aur ios Roy. Alice buit baygh decept ab vide to, ar iaschi ieurskwit id khabar. Bet, vice murmure, is Messager hul med sien hol gwis: "Sont iter draugend!"

"*To* kals tu murmure!" scricit is ormo Roy spreudend-ye ed weipend-ye. "Sei aiwo rinkaps, te plageleihsiem. Hat tohrn mien cap kam un gischien!"

"Tehrbiet ses un micri gischien!" mohn Alice. "Qui sont iter draugend?" venturit ia sprehge.

"Bet, vedim, is Lion ed is Unicorn, weidwos," antwohrd is Roy.

"Katuent po id cron?"

"Naturelika; ed id goilst in tod re est od semper leit de mien cron! Smad curre oku ad vide iens!" Abdrahr, ed Alice sammel sib repetihsit ia paroles ios veut songv:—

Is Lion ed is Unicorn katuer po id cron:
Is Lion biet iom Unicorn pod id dun.

Sems ibs dahr albh dvan, ed sems ibs dahr brun;
Sems ibs dahr prunentorte, talg buit ir wahid lwon.

“Ed—kwe—so qui vinct—algvt id cron?” sprohg ia tem quem ia ghohd, iaghi eet exterannem pelu didrahnd-ye.

“Noghi!” antwohrd is Roy. “Quod un idee!”

“Lutfan—” iey Alice med un kwehsend voc, pos currus dar lyt, “—ma ne stopmos un minute—just kay recupere annem?”

“Ma?” jawieb is Roy. “Ob ne smos kafi nert kay stope un minute. Un minute est auncorpos ed khakiemos protiedare id. Meis facil esiet pites stope un Bandersnatch!”

Alice ne habend kafi annem kay bahe, nadrahr, ed arriveer bad in vid unios mier menegh medsu quod is Lion ed is Unicorn eent katuend. Eent in un tem teug nebh duil, quem preter Alice khiek enderkwites quoter eet uter: bet ia mox kwahsit dyehrce iom Unicorn dank eys horn.

Se placeer claus quer Hatta, alter Messager, stahsit smauternd id katu, samt un tasse chay in uter hand ed un schtuk butterbrot in alter.

"Hat just salgen prison, ed is ne hieb zapoht sien chay quan is buit karcerbohnden," Hæs kwohster ad Alice: "ed im dahnt tik ostrikiauts eni tod—itak yu vidte est baygh hunghric ed teurstic. Kam leits tu, dorgv magv?" nabahsit is, dehnd-ye preiplen-ye sien brakh ambh Hattas coll.

Hatta vols, nuk, ed naessit sien butterbrot.

"Buist tu noroct in prison, dorgv magv?" sprohg Hæs.

Hatta vols ye un dwot ker; oin au dwo dakrus rolleer ghom eysa gians, bet is refusit sayge werd.

"Bah ghi! Sagvs bahe!" scricit Hæs samt un impatient ton. Bet Hatta tik nagiu, ed napohsit lyt meis chay.

"Bah, nies tu?" scricit is Roy. "Kam tekhnasse ies wighs?"

Hatta kwohr un desperat effort, ed sorpsit un taungh schtuk butterbrot: "Baygh suatekhnassent," iey is med un stupt voc: "ielg ex iens buit gvohnt takriban octgimseptens."

"Suppono mox bringhsient id albh dvan ed id brun?" Alice venturit kaue.

"Est ja ter," iey Hatta, "chunke proe-eddo un schtuk ex."

Buit un pause in id katu just tun, ed is Lion ed is Unicorn sess ghom, kwehsend, menxu is Roy cricit: "Dec minutes tregv! Bihntu serven ia refreschments!" Hæs ed Hatta fauran biorbiet ed ed kwehlihr tepjis om albh dvan ed brun dvan. Alice ghens oin schtuko kay guses, bet eet *baygh* siuk.

"Ne mehno vahnt nakatue hoyd," is Royo sieyg ad Hatta: "gwah wehle ia tamburs bikane." Ed Hatta abklieup kam un akride.

Unte oin au dwo minutes, Alice stahsit silent, spehcend iom. Stayg ays lige kwiter: "Spehcte, spehcte!" scricit ia, pfehrstend-ye akster-ye. "Ena Albh Ferz currt jaldist bilkull unte id rur! Ia hat jus' spohden ex id bosc cer—Kam oku ghehde drahe tas Ferzas!"

"Sem peind aundwoi apterdraht iam," iey is Roy. "Todghi bosc pehldt med peinds!"

"Bet ne vahte yu accurre ad khalasse iam?" sprohg Alice, meg surpriden de kam sakwn-ye is dyi to.

"Daughiet ka khich!" iey is Roy. "Ia currt tem dekhschatic-ye oku. Ghehdiet hatta pites kape un Bandersnatch! Bet, sei vols, vahm note to do mien bukil—Est druve-ye un excellent creature," muticit is, ghyanend-ye sien notebuk. "Scrips tu 'creatyre' med un 'y'?"

Ye tod moment, is Unicorn spasserit prosch i, sien hands in sien geps. "Ye tod ker ego ho udkatuet iom, ne?" iey is ei roy, just priglanzend tom.

"Ya, anter," jawieb is Roy, destull nerveus-ye. "Yed yu ne habiete meis suaagen sei yu ne habiete transbaurn iom med vies horn, ne?"

"Oh, to ne gvolit iom," iey is Unicorn aunkaur, kun is vidyohrc Alice: is oistiup retro instantan-ye, ed stahsit unte sem wakt spehcend iam samt un protiokw os profundo disgust.

"Quel—est—tel?" visprohg is bad.

"Est un lytil kweil!" antwohrd Hæs akster-ye, se placend-ye ant Alice kay presente iam, ed regend-ye sien dwo hands kyam in un baygh anglo-saxon attitude. "Hams trohven iam hoydkye. Ia est naturebuland!"

"Io hieb semper credihn od eent fabuleus monsters!" exclamit is unicorn. "Kwe est druve-ye gwiv?"

"Sagvt bahe," iey Hæs med un solenn ton.

Is Unicorn chohx Alice khayal-ye, ed wohl: "Bah, lytil kweil."

Alice khiek sib stambhes oismihes sammel kun ia sieyg: "Ioschi, vidte yu, hieb semper credihn od Unicorns eent fabuleus monsters! Io hieb naiwo vis un gwiv Unicorn!"

"Nun kun hams vis mutu, sei credeihs in me, credeihsiem in te. Beidte yu?"

"Ya, beido," iey Alice.

"Hay, veut, bringhe nos id torte," tun wohkw is Unicorn iom Roy. "Ne kleuskwo de brun dvan!"

"Tamam!" muticit is Roy, dahnd-ye znayc ad Hǽs. "Ghyan id sack! Kwohster is. Oku! Ne tod—est plen med herbat!"

Hǽs ghens un taungh torte ex id sack, ed dahsit id ad Alice kay dohrjit id, menxu is trieg ex id sack un pliat ed un tehmkniv. Alice khiek tarke quosmed ta quant items hieb salgen id sack. Ay kwohk eet uno muschabadjanter.

Entrim, is Lion hieb joint i. Is tengicit baygh strak, baygh raflatic, ed eys okwi eent pwolclus. "Quel est tel?" iey is, spehcend-ye adriug-ye Alice med siena mimeicend okwi ed bahnd-ye med un khafi ed deub voc samlik ei kleuyt uns tanghu clock.

"Quelpet ghehdt tel ses?" scricit akster-ye is Unicorn. "Naiwo tarcsies, ne ho ghohden!"

Is Lion spohc Alice malal-ye. "Es tu animal, au vegetal, au mineral?" iey is, gheihndo ye cada werd.

"Est un fabuleus monster!" iey is Unicorn, pre Alice ghohd jawabe.

"Bringhe ghi nos id torte, Monster," iey is Lion lyehgend-ye ghom ed knigveihnd-ye sien mant ep sien propods. "Yu dwo, seddte ghom," (wohl is iom Roy ed iom Unicorn): "ed bihntu tohmen sem egal parts!"

Is Roy okwivid-ye eet baygh bfuyowo de dehlge sedde ghom inter iens dwo mierens creatures; bet eet neid alyo place pro iom.

"Quei katu ghehdiemos wey lever nos po id cron, nun!" iey is Unicorn spehcend-ye lughav-ye id cron quod eet quasi fallend kata id cap ios Roy, ob so tant-ye tremblit.

"Vinciem facil-ye," sigwrit is Lion.

"Ne som tem sure de," iey is Unicorn.

"Ma, bietim te pod id dun, raskal!" jawieb is Lion samt grassab, pwolstahnd-ye ub kun is bahsit.

Her is Roy interrup, kay stambhes ei cheid nadure: is eet baygh nerveus, ed eys voco quasi krus: "Pod id dun?" iey is. "Habies anter tohrben gwahe ep id dun. Kata id wall, has un schungjin ijmal!"

"Zowngschie ne woidim," bieub is Lion sammel kun is lyohgyit. "Eet maung pior duil kay vide ject. Quayt wakt tehrpt ia Monster kay tehme tod torte!"

Alice ee-sesessit ep id ouper os uno smulk sprut, samt id mier pliat ep sien grem, ed pit sege id torte med id tehmkniv. "Est baygh exasperant!" jawieb ia ei Lion (ia viswohd bihe kalt "ia Monster"). "Ho ja tohmt plur fels, bet comglehmernt semper fauran!"

"Ne sagvs tekhnasse con Specule-tortes," kieusit is Unicorn. "Preter kwehleih id, dind tehm id."

To swohn kam un nonsense, bet Alice baygh taat-ye stahsit ub, kwehlihsit id pliat, ed id torte se divis do tri schtuks per se. "*Nun* tehm id," iey is Lion, kun ia rik sien place con id tuich pliat.

"Saygo, to ne est prabh!" cricit is Unicorn, kun Alice sessit samt id kniv in sien hand, maung daumend de quetos inkape. "Ia Monster hat daht ei Lion dwis meis quem mi!"

"Lakin ne hat gwupt oin schtuk per se," iey is Lion. "Kams tu prunentorte, Monster?"

Bet pre Alice ghohd ei antwehrde, ia tamburs bikien.

Ia khiek enderkwites quetos id blosk: id air kwohk pehlde iosmed, ed id swohn stets honarer hina ia khiss quasi boderascus. Ia klieup ub, ed, in sien terror, uperskiec—

id sprut. Ia hieb just kafi wakto kay vide iom Lion ed iom Unicorn staue ub, samt furieus protiokwa ob skeulus interrumpes ir chifan. Ia fiell ep sien genus ed stuppit sien aurs med sien hands kay pites vain-ye maeti aure id gargic kwalay.

"Sei to ne est kafi kay chasse iens ex id urb," mohn ia, "neid ghehdsiet skapihes iens!"

Capitel VIII

"Buit Inventen ab Me!"

Pos un khvil id blosko kwohk tadrijan abswehnde, hina buit silence os mohrt, ed Alice liv ub sien cap samt sem alarme. Nimen eet visu, ed ays prest bren buit od ia eededrohmit de iom Lion ed iom Unicorn ed tens stragn Anglo-saxonens Messagers. Lakin, eet id mier pliato dar lyehgend pod iam, ep quod ia hiebit piten tehme id prunentorte, "Neghi eem drehmend, pos hol," ia sib sieyg, "nibo—nibo wey quants smos part ios sam drehm. Spehm tik od est *mien* drehm, ed ne tod ios Rudh Roy! Ne kamo bayghe alyanghens drehm," ia nabahsit med un anter schaki ton; "baygh wehno gwahe protiebudes kay vide quo wakyesiet!"

Ye tod moment, ia buit interrupen in sien reflexions ab un akster crie os "Bre! Bre! Schakh!" ed uno Maurkritter perivehsend un kirmiz armur galoppit seid kyam, swehngend un taungh wagher. Just kun is vahsit nake iom, el Maurk stopit stayg. "Es mien prisonerin!" cricit is Maurkritter, coborndye kata sien reidbiest.

Nespekent sien dekhschat ed sien surprise, Alice biey meis pro iom quem pro se ye tod moment, ed ia spohc iom samt un certain anxietat menxu is sess tsay ep sien seddel. Yant is hieb comfortable-ye sedden ub tsay, is inkiep sayge ye un dwoter ker: "Es mien pri—" bet is buit interrupen ab alyo voco quod cricit: "Bre! Bre! Schakh!" ed Alice, destull surpriden, vols kay vide quis eet so nov peind.

Ye tod ker, eet un Albh Maurkritter. Stopit baygh prokwem Alice, ed coborit kata sien Maurk exact-ye kam is Rudh Maurkritter; dind, is sessit tsay ub ep sien seddel, ed bo Maurkritters remien protiokwndi mutu aun sayge werd, menxu Alice spohc iens ein pos ein samt un consternat wajkh.

"Est *miena* prisonerin, mae myehrs to!" declarit bad is Rudh Maurkritter.

"Tamam; bet ego ho riden ad khalasse iam, ed ho ludhern iam!" jawieb is Albh Maurkritter.

"In tod fall vahms katue kay woide ad quoter ia sessiet," iey is Rudh Maurkritter ghendend-ye sien helm (quod hiengit kata eyso seddel ed destull kwohkit kam un maurkcap) ed se kufyend-ye iosmed.

"Naturelika, sies respecte ia Combat Reuls?" sprohg is Albh Maurkritter, se kufyend-ye ep sien roig med sien helm.

"Naiwo prileipso to," antwohrd is Rudh Maurkritter. Poskwo, bikoveer mutu samt tant furor quem Alice endergwohm apter un dru kay se behrge ud ia cutts.

"Daumo quatar ghehde ta Combat Reuls ses," mohn ia, sammel quem ia xyieng timid-ye kay meis suavide id boi. "Kwecto est un Reul quod bewehkwt od sei uter Maurkritter heiht alter, is falleiht iom ud eys Maurk, ed, sei is leipst iom, ispet cobort; kwecto yaschi alyo Reul bewehkwt od dehrjent ir wagher med ir bagu, kam marionettes—quod un blosk ies deughent quan cobornt ep un ogwnark! Ed kam sakwn sont i Maurks! Iens sinent stighes ub ed ghom exact-ye kamsei esient tables!"

Alyo Combat Reul, quod Alice ne hieb kaun, kwohk prescribe od ies dohlg semper falle ep id cap, ed it ens id boi: bo fiell ep ir cap, nieb mutu. Restahvs ub, mussafaheer; dind is Rudh Maurkritter roidyit ep sien Maurk ed abgaloppit.

"Ho sohlt un klewost sigh, ne?" declarit is Albh Maurkritter, alnos kwehsend, prosch Alice.

"Ne woidim," antwohrd ia samt un dwoiton. "In quant fall, ne volo ses anghens prisonerin. Volo ses ia Ferz."

"Ia sessies quando habsies upergwaht id sehkwnd sprut," promissit is Albh Maurkritter. "Te hamrahsiem hina habsies salgen id bosc; poskwo, vids tu, tehrpsiem te linkwes. To sessiet id end os mien schtoss."

"Dank spollay," iey Alice. "Magho io hehlpe abdehe vies helm ud vos?" Okwivid-ye ispet habiet alnos khact abdehe id;

ed ad Alice baygh molicit oisdue id scuttend-ye id med ays hol nerce.

"Taiper, lyt meis suaannmo," declarit is Maurkritter, qui, pos oislahmus med bo hands sien longo kays retro, wohrt kye Alice sien karamplen lige ed siena mier baygh mliak okwi. Ia benta mohn ia naiwo hieb vis un soldat samt tem stragn aspect.

Is vohs un jersten armur quod baygh duslit ei, ed is bohr, sbohndt supiht, un bizarre cutia ex albh dreu quos capak hieng. Alice spohc id samt maungo curiositat.

"Vido admires mien cutia," iey is Maurkritter samt un dabron ton. "Buit inventen ab me, ed dehm endo vesters ed sandwich. Vids tu, id behro supiht mae seuy ghehdt entre id."

"Ya, bet ia jects id mathmount ghehde salge id," kauihsit Alice med un swadh voc. "Woid yu id capak est ghyant?"

"No, to ne woisim," antwohrd is Maurkritter samt balahn protiokwo. "In tod fall quantum eet eni hat sollt falle! Id cutia neti mi daught sei est tuich." Is lu id sammel quem is bahsit, ed is pariet-se ad xubhes id do ia buska kun semject kwohk ei stayg enfallus, isghi hieng kaur-ye id cutia kata un dru. "Tarcs tu ma kwehro to?" sprohg is ad Alice.

Alice scussit sien cap.

"Spehnd-ye ke beis gwehmsient ad nizdes ter—Katha habsiem mielt."

"Bet yu habte un alvey—au semjec' quod kwehc' kam un alvey—hangend kata voster seddel," kauihsit Alice.

"Ya, ed est hatta un baygh gohd alvey," iey is Maurkritter samt un itab ton. "Bet nel bei hat pluken prosch taiptro. Nieb est un muskapan. Suppono i mus hant stabht im beis gwehme—we sont i beis qui stambhe im mus gwehme—ne woidim quoters."

"Io dieum ka quod tar i mus miegh daughe. Pau shayad sont mus ep id regv al maurk."

"Maghses pau shayad; bet sei, kjiawxieng, sems gwehmient, ne volo ke bicurrent bachimien—Vids tu," nabahsit pos oino moment silence, "est gohder previde quant. Pro to isern rings keinge ia glesens miens maurk."

"Ed ka quod daughe ta rings?" sprohg Alice samt maungo curiositat.

"Est kay protege iom ud shamyudehnkens," jawieb is Maurkritter. "Buit inventen ab me—Ed nun, hehlp me ad me seddihes tsay ep seddel. Vahm te hamrahe tiel boscleizd—Ka quod tar daught tod pliat?"

"Ka mathmoune un torte," iey Alice.

"Suaagmos ghi ghendend-ye id con nos. Sessiet baygh gadab sei trehvmos un torte. Hehlp me ad sniges id do tod sack."

Tohrbeer maung wakto kay bewaldhe to, quayque Alice dier id sacko ghyanen baygh-ye kaur-ye, ob is Maurkritter eet tem *baygh-ye* kyopev sneigend-ye id pliat. Ye ia presta dwo au tri kers kun is pit, ispet fiell perodh do id sack. "Vids tu, est terrible-ye angh," iey is kun hiebeer bad kamyapto tehlpihes id pliat, ob eent maung schamdans in id sack. Ed is hieng id sieni seddel ja klas med morkenmukhts, lopats, pincettes, koistranks, ed un kowp alyen objects.

"Spehm tu has suadieht tien kays?" nabahsit is, menxu i bikwohr itner.

"Sont kamadet," iey Alice, smeihnd.

"To est pau kafi," iey is med un anxieus voc. "Vids tu, id wind est tem *baygh* akster her. Est tem akster quem cofie."

"Habte yu invent un systeme kay stambhes ei kays bihe abblahn ab id wind?"

"Ne bad; bet ho un systeme kay ei stambhes falle."

"Id gnohiem gairn."

"Preter, ghends un baygh rec' gazd. Dind rempeihs tien kays ub id, kam un fruitdru. Id sabab bi quod kays fallt est ob hangent *nitos*—id kays naiwo fallt *ubtos*, vids tu. Buit inventen ab me. Maghs pites sei vols."

Bet Alice pohnd od tod systeme ne tengicit meg amat. Unte oik minutes, ia naghieng silent, mehnend de tod idee ed haltend ex tid do tid kay hehlpe iom ormo Maurkritter, qui sigwra *ne* eet un gohd reider.

Ielgs kun is maurk stopit (quo is kwohr meg ops), is Ritter fiell perodh; ed ielgs kun is trohtyit (quo is daydey kwohr fujatan), is supih-se retro. To apart, is kwohr itner aun pior difficultat, ploisko od, ex tid do tid, is fiell gontro; ed dat is fiell quasi semper do id gon quer wohs Alice, sa ghieb baygh oku od eet gohder mae ghange pior prokwem iom maurk.

"Baym yu ne habte kafi trainiret reiden," venturit ia sayge, sammel quem ia rogyit iom pos eys penkt fall.

Pos ta werds, is Maurkritter emsit un baygh surpris ed lyt offens protiokwo. "Quod te saygeiht to?" sprohg is, menxu is reglohm ep seddel antgreipend-ye med oiter hand Alices kays pro sib stambhes falle ocolo.

"Ob leuds falle lyt minter ops quem yu quando hant diu trainiren."

"Ho diu trainiren," sigwrit is Maurkritter samt un extreme-ye serieus ton, "ya, baygh diu!"

Alice trohv neid gohder antwehrdtu quem: "Druve-ye?" bet ia sieyg to tem sassimi-ye quem ia ghohd. Poskwo, i naghieng silent: is Maurkritter, samt cluden okwi, muticit semject inter sien dents, ed Alice skohpt anxieus-ye id niebst fall.

"Id grand art in reiden," bisieyg brusk-ye is Maurkritter jahar, weur-ye motionend-ye med sien dexter brakh, "est gwupes—." Id jumla stopit ter tem brusk-ye quem id hieb inkapt, ed is Maurkritter fiell gwaur-ye ep id topp siens cap ep id paund unte quer ghieng Alice. Ye tod ker, ia meg biey, ed sprohg med un anxieus voc, sammel quem ia hohlp iom ad restahe ub: "Spehm neid ost os vos hat brohct?"

"Neid ad tolke de," antwohrd is Maurkritter, kamsei esiet ei egal an dwo au tri brehgient. "Kam io sieyg, id grand art in reiden, est—gwupes sien tula. Kam cio, vids tu—"

Is muk id ansia, strohc sien dwo brakhs kay dikes ad Alice quo is mieyn ed, ye tod ker, is fiell unte sien hol regv, just ender ia kaphs ios Maurk.

"Ho trainiret diu!" repetihsit is aunstop, menxu Alice restohl iom ub. "Baygh, baygh diu!"

"Est druve-ye pior joking!" scricit ia bent leusend patience. "Yu tehrbiete habe un dreun ekw ep rolls!"

"Trehct tod genos es ekwes aun scussa?" sprohg is Maurkritter samt un baygh interesset protiokwo sammel quem is quasi clohsp id boywn ios Maurk med sien brakhs kay sib stambhes cobore oins-ye meis.

"Ta ekwa trehcent samt maung minter scussa quem un gwiv ekwis," iey Alice, samt un lytil ilay, speit quanto ia ghohd kwehre kay stambhes id.

"Mi procuresiem oin," murmurit is Maurkritter samt un pensive ton. "Oin au dwo—ed hatta plurs."

Buit un cort silence. Poskwo is nabahsit: "Som baygh ghap' de invente jects. Mathalan, som yakin od, ye id senst ker kun me has hohlpt ad restahe ub, has kaun od tengicim brenwent."

"Yu tengicat baygh serieus."

"Ye todpet moment, eem inventend un nov zariya kay upergwahe un barrier—Vols tu ke io tib doco?"

"Esiem baygh noroc' de," antwohrd Alice polite-ye.

"Vahm tib explie quosmed to mi hat enfallt. Vids tu, mi ho sayct to: "Id saul difficultat consist upernihes ia peds, ar, dayir id *cap*, id est ja kafi hog." Inkapo ghi dehe mien cap ep id topp ios barrier—ye tod moment, mien cap est kafi hog—Dind, stahm ep mien cap—. ye tod moment, vids tu, mien peds sont kafi hog—Ed dind, vids tu, wehso ocolo."

"Suppono ghi yu wehsiete ocolo pos kwehrus to," iey Alice samt un pensive ton; "bet ne credeihte yu od to esiet destull difficil?"

"Ne ho bad piten," antwohrd is baygh-ye grave; "itak ne som yakin de—Betghi baym an to sia destull difficil."

Is tengicit tem balaht quem Alice spohd ad mutatolke. "Kam un curieus helm yu habte!" exclamit ia med un vessel voc. "Buit idschi inventen ab vos?"

Is Maurkritter spohc samt uno mynder protiokw id helm quod hiengit kata eyso seddel. "Ya," iey is; "bet ho invent alyo quod eet baygh gohder quem tod: in forme os sukerstahwrnt. Quando io vohs id, sei, kjiawxieng, fallo kata mien Maurk, id touchit id grund quasi fauran; quo buw od io ne fiell baygh hogtos, vids tu—Tik, weidwos, eet un danger: eet falle do id. To mi hat wakyet oins—; ed meis khiter, pre io ghohd salge tetos, alyo Albh Maurkritter hat arriven ed hat bivohsen id ep sien cap, credeihnd eet eys helm."

Is narrit to samt un tem solenn ton quem Alice ne durs glihes. "Yu habte sollt gvole iom, baygh baym," kauih ia med un endertrehmend voc, "chunke yu eete ep id topp os eys cap."

"Naturelika ho skulen kalce iom," jawieb is Maurkritter, baygh serieus-ye. "Tun, is hat sdun id helm—bet hors ed hors buir tohrpt kay salgihes me tetos—Bet tod helm eet druve-ye un 'topp-helm'!"

Poskwo, is oisroht ub sien hands, ed, fauran, coborit kata sien seddel ed fiell perodh-ye do un deub grov.

Alice curs kyana id grov kay vide quo is hiebit bihn. Tod akhir fall hieb ay causen un brusk dekhschat: dat is Maurkritter hieb na-sedden darm-ye ep seddel unte un wassime wakt, ia biey iom hieb druve-ye baygh-ye gvolt. Bet, quayque ia ghohd vide tik eys tabans, ia buit meg rohmt ab aure iom nabahe med eys adic vocton. "Pro me, eet alnos lika; bet is hat bevis baygh neglegence bivehsend-ye id helm alyios wir—bilhassa menxu so wir eet dar eni!"

"Quosmed kwahte yu bahe pridem-ye, samt cap ghomi?" sprohg Alice, qua traxit iom per eys peds ed sklas iom do un aunforme kowp ana id grov.

Is Maurkritter tengicit surpriden ab ays question. "Id position in quod wehst mien corpos nel-ye importet," antwohrd is. "Mien ment tem suawehrct. Yeghi niter mien cap, ye meis invento nov jects.

"Id mahirst ho kwohrt," nabahsit is pos oino moment silence, "buit invente un nov pudding menxu mejam id miemsmet."

"Barwakt-ye kay id ghohd bihe cocen ka niebst met? To buit *druve-ye* oku wehrg!"

"Noghi, ne ka *niebst* met," declarit is Maurkritter samt un lent ed pensive voc, "no, ne sigwra ka niebst *met*."

"Tun to hat sollen ses pro id sehkwnd dien; suppono ghi yu ne habiete iskwt dwo puddings unte oin sam chifan?"

"Noghi, ne pro id *sehkwnd* dien," Is Maurkritter repetih kam prever: "ne pro id sehkwnd *dien*. In fact," nabahsit is clihnend-ye sien cap, menxu eys voc bihsit stets meis khafi, "credeihm tod pudding naiwo buit cocen. Lakin, io hieb beviden megil kerdos inventend-ye tod pudding."

"Quosmed cocskwat yu id?" sprohg Alice, spehnd-ye meudhihes iom ub, isghi tengicit baygh ajiz.

"Preter med seugpapier," antwohrd is Maurkritter emittend-ye un steun.

"To ne esiet baygh eddet; baym an—"

"Ne baygh eddet seni," declarit is akster-ye. "Bet ne imagines kam different to esiet sei id esiet mixt con alya jects—mathalan, con pyrot ed mouherwax—Nun tehrbo te linkwes."

I hieb just arriven ei end ios bosc. Alice tengicit alnos desconcertet, iaghi mohn de un pudding.

"Es baygh trauric," iey is Maurkritter med un anxieus voc; "sine me tib sehngve un songv kay te tassallise."

"Est tod baygh long?" sprohg Alice, iaghi hieb aurt much poesis ye tod dien.

"Est long, bet est baygh baygh bell. Quanti me aurnt sehngve id—we id bringht ia *dakrus* do ir okwi, we—"

"We quod?" iey Alice, isghi Maurkritter hieb zabahn fujatan.

"We ne, vids tu. Id songv est namdehn '*Haddockwi*'."

"Oh, tod est id nam ios songv, ya?" iey Alice, peitend se interesse.

"No, ne ghaps," iey is Maurkritter, kwehkend lyt vexen. "It est id songv *namdehn*. Bet id druv nam est '*Is At Geront*'."

"Tun habiem tohrben sayge: "Tod est id nam quod id songv behrt"?" se correxit Alice.

"No, ne habies tohrben, to est alnos alyo ject! Id *songv* est namen '*Wassilas ed Zariyas*': bet to est tik kam id est *namen,* tu vids?"

"Quod tar *est* id songv, tun?" iey Alice, qua eet taiper alnos forsprohgen.

"Vahsim gwehme do to," iey is Maurkritter. "Idpet songv est '*Seddend ep un Barrier*', ed id melodia buit inventen ab me."

Saygus to, is oistopit sieno Maurk ed sis ia oulers falle ep eys boywn: tun, lent-ye batend tempo med oiter hand, ed samt un mulayim smeih kweiternd sien gentile follo lige, kamsei is preihiet id music os sien songv, is bigwohrd.

Ex vasya spectacles ia vis unte sien safer Ocolo id Specule, tod buit semper nettst-ye mohmt ab Alice. Plur yars serter, ia ghohd udwekwne id hol scene kamsei id habiet wakyet predini: ia mliak blou okwi ed id sell smeihum ios Maurkritter—id eurehpend sol quod oistrip eys kays ed blig ep eys armur in un spleindos flamboyment—is Maurk qui gwohm perodh pridem-ye, ia oulers leikend ambh sien boywn, grasend id travos pod se—ia deub skadhs ios forest in id aptergrund: to hol ia prim kam un pineg, menxu, med uter hand uperskadhend sien okwi, ia knigv protiev un dru, spehcend id stragno pair, ed kleusternd, in un pwoldrehm, id melankholic music ios songv.

"Bet id melodia ne buit inventen ab iom," ia sib iey; "est id melodia os: '*Tib dahm quant, khako kwehre meis*'." Ia kluster baygh attentive, yed dakrus ne gwohm do ays okwi.

"Tib lehcsiem quanto ghehdo conte;
Est baygh pau ad narre ter.
Io vis un at geront
Seddend ep un barrier.
'Quod sell acte yu?' ego iey.
Eys surprindend jawab
Kwohk se transforme do cristallclar wed
Quod lahsit mien hol cap.

'Kapo i pelpels, is mi sieyg,
Qui neizde in id wesar:
I coco do alban pateits,
Pohrnen in id pasar.
Ia pehrno ad qui tehrnt ia mars,
Ad matrosens ed nauts;
Dank to algvo lyta denars—
Ne ghi ho megil naudhs.'

Bet eem mehnend de un plan
Kay khisabe bakenbarts,
Neudend-ye un baygh weur ecran
Kehlend tod wehrg os art.
Dat, ad quo is geront hieb sayct
Io hiebim neid jawab,
Ei cricim: 'Quod un gwit yu acte!'
Ed bitipim eys cap.

'Sonst, na-sehkwo libter mien route,
Continuit is mi lehge,
Ed quando trehvo un ghyorsprut,
Khako mi stambhes id dyehge;
Ed tetos un ongwen biht makht:
"Rowland's Macassar-Oil".
Lakin mi dahnt tik po mien jakhd
Id summ os pwolter oyr."

Bet io eem daumend de ma,
Quayque i weuxent ep fodder,
Vasyi gnoht peku animals
Kamyabe bihe stets piwoner."
Io suascussim iom bachimien,
Hin eys lige bihsit blou:
'Gnohskwo quanto de vos,' ho crien,
Qua alya jects kwehrte yu?'

Is sieyg: 'Paursko haddockwi ops
In id bell schimmernd vroik,
Qua kmehno poskwo do yelecknops
In id silent noct.
Io keupo neter kowps om piengs
Ni beurs pleno med gold;
Bet po un grosch, ad cada client
Ex ia magho pehrne oct.

'Yando io dehlvo po sumburs,
We dehm weisk kay kape crabes;
Yando paursko in ia magurs
Kwekwls om Hansom-cabs.
Ithan (is mic mi samt humour)
Kwahm ego bihe baygat—
Ed ego drehncsiem baygh masrour
Ke gwiva vies Diwbat.'

Io ieur iom tun, ar io hieb just
Trohft un genial recept
Kay behrge id Menai Brigv ud rust
Spraiynd-ye tetro acete
Ed kerdwarm-ye ego ei dienk
De quosmed bihe baygat;
Lakin khaliban ob is viensch
Prosit mieni Diwbat.

Ed tuntos sei aiwo dehiem
Mien finghers do (oh!) skaurnt,
We mien levter ped oisneigiem
Do id ghaw dexter baut,
We sei ep mien doik io meukiem
Un baygh-ye gwaru gwern,
Plangiem, ob to tant me mehmeiht

Tom at geront io druve-ye kiem—
Samt swadh wehkwos ed mliako spect,
Quos kays eet albher quem sneigv,
Ed quos lige eet corcukskeip,
Quos okwi semper eebleige,
Quom bieda naiwo beghsih speh,
Quos corpos semper eeweipt,
Ed qui muticit sien quant werds,
Kamsei eys stohm pehldiet med melv,
Qui kam un jamus ee-pnehst—
Ye tod vesper os lient, in id prev,
Seddend ep un barrier."

Kun is Maurkritter sohngv ia senst werds ios doina, is reghens ia oulers, ed volgih sieno Maurk do id itner unte quod i hieb gwohmen. "Tib etileikwnt tik oik yards andhtu," iey is, "ghom id clin ed uper tod smulk sprut, ed tun sessies un Ferz—Bet sies tu preter mane ed vide me linkwes?" nabahsit is kun Alice volsit samt un lasni specto kyid direction is hiebit pfohrst. "Niem ses long. Tu sies skehpte ed srehte tien handchirk quando nacsiem tod curve ios wegh? Mehno to siet encourage me, vids tu."

"Weidwos skehptsiem," iey Alice, "ed dank ob hamrahus me hetro—ed pro id songv, ho maung kamen id."

"Spehm ghi," iey is Maurkritter samt un dwoiton, "bet ne has plangen tant quem io exspectim."

Poskwo, mussafaheer; dind is Maurkritter rid lent-ye do id forest. "Suppono niem tehrbe intizare diu kay vide iom linkwes—sien seddel!" mohn Alice, spehcend-ye iom abrides. "Nun! Epkye sien cap, kamadet! Nespekent hol, is reseddt destull facil-ye—aundwoi dank ia kathire jects hangend kata id seddel—" Ia sib nabahsit ithan ed sammel spohc iom Maurko trehte perodh sakwn-ye ep id wegh, ed iom Maurkritter cobore auter levtro, au dextro. Pos id quart au penkt fall, is niek id curve, ed Alice sroht sien handchirko kyom, skehptend-ye is hieb disprohpt.

"Spehm to proe-meudheiht iom ub," ia sib iey, abgeirnd-ye tiel pod id clin. "Nun, pos id senst sprut, id Ferz Cron!" Ia stiup kyana tod sprut. "Bad! En id Octim Sadrencpold!" scricit ia, uperskacend-ye id perruakchei—

ed se xeubhend-ye, kay rahate ep un travplor tem melsko quem un mosscovehr, alnos comspers med smulka floren-parterres. "Oh! Kam masrour som io ob ses her! Bet, quod tar mien cap vehst?" exclamit ia med un consternat voc, bringhend-ye sien hand uni baygh-ye gwaur objecti quod king ayso chol.

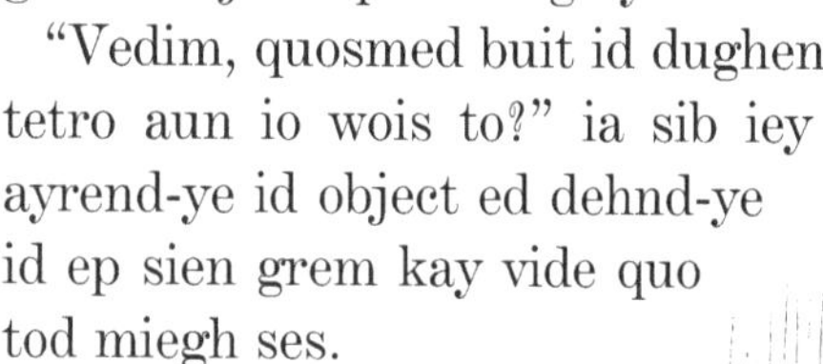

"Vedim, quosmed buit id dughen tetro aun io wois to?" ia sib iey ayrend-ye id object ed dehnd-ye id ep sien grem kay vide quo tod miegh ses.

Eet un golden cron.

Capitel IX

Ferz Alice

"Joghi est schungjin!" iey Alice. "Naiwo habiem io exspecten bihe Ferz tem aus—Ed, kay vos sayge id druve, vies Majestat," nabahsit ia med un strehng ton (ia maung-ye kiem se malame ex tid do tid), "est impossible continue vos forkihes ep id travos kam yu nun kwehrte! Ferzas tehrbe habe lyt decos, vedim!"

Yinjier, ia stahsit ub ed bighieng, destull stip-ye in-kap, iaghi biey mae ays cron fiell, bet ia se consolit mehnend-ye eet nimen quel ghohd vide iam. "Eti," ieyit ia seddend-ye ghom tsay, "sei som druve-ye Ferz, siem baygh suatekhnasse pos sem wakt."

Ay hieb wakyet tem stragna jects quem ia ne stieun de bedyehrce od ia Rudha Ferz ed ia Albh Ferza sess baygh prokwem iam, einu ye ieter gon. Ia habiet gairn-ye sprohct ians quosmed ias hieb gwohmen tetro, bet ia biey to ne buit baygh polite. Lakin, ia mohnit ne esiet khiter oisprehge an id ernu eet khatem. "Plais," bisprohg ia spehcend-ye iam Rudh Ferz, "maghiete yu me manthihes—"

"Dehles bahe tik kun bihs wohkwt!" ieyit ia Rudh Ferz interrumpend-ye iam brutal-ye.

"Bet sei quanti respectient tod reul," jawieb Alice (semper parat ad inkape un lytil tolk), "sei anghen bahiet tik kun alyanghen wehkwt el, ed sei alyanghen semper intizariet an yuge bitolcte, tun, vidte yu, nimen saygiet aiwo ject, ed it—"

"Est joking!" exclamit ia Ferz. "Vedim, mien magv, ne vids tu od—" Her, ia se interrupit brovend-ye dind, pos mehnus unte oino minute, ia brusk-ye mutatolkit: "Ma sieycst tu nuper: "Sei som druve-ye Ferz?" Med quod rect dahs tu tib tod titule? Ne poitts bihe Ferz pre kamyabus id dohbro imtihan. Ed ye auser, ye dohbrer."

"Bet ho tik saygen 'sei'!" antwohrd ia orm Alice samt un perischan ton.

Bo Ferzas enderspohc mutu, ed ia Albh Ferz muticit kreusend-ye: "Ia *sigwrit* ia hat tik saygen 'sei'—"

"Bet ia hat saygen maung meis quem to!" stun ia Albh Ferza vrehnkend-ye sien hands. "Oh! Ia hat saygen maung, maung meis quem to!"

"Yaghi, mien lytil magv," kauih ia Rudh Ferz dia Alice. "Sayg semper id druve—mehn pre bahe—ed scrib dind quo tu has saygen."

"Bet som yakin io mieyn neid—" bisieyg Alice.

Ia Rudh Ferz interrup iam brusk-ye: "Topet tib mambho! Habies tohrben mayne semject! Ka quod tar ghehdt daughe un magv qua maynt neid? Hatta un scherz tehrpt mayne semject—ed mi kwehct od un magv est importanter quem un scherz. Ne ghehdies nege to, esdi peities med bo hands."

"Io ne nege jects med mien *hands*," objecit Alice.

"Ho naiwo maynen to," jawieb ia Rudh Ferz. "Ho sayct ne ghehdies kwehre to, esdi peities."

"Est in un solg keyf," etimlu ia Albh Ferz, "quem ia volt po cada cost nege *semject*—yed ia ne woid quod nege."

"Kam un detestable pinseing!" exclamit ia Rudh Ferz.

Poskwo buit oin au dwo minutes os zakhmatic silence. Ia Rudh Ferza rup id saygend-ye ay Albh Ferz: “Io vos invite ei dinner quei kwaydt Alice hovesper.”

Ia Albh Ferza smih muzlim-ye, ed antwohrd: “Ed ego *vos* invite.”

“Io ne wois io dohlg kwayde uni dinner,” declarit Alice; “bet sei ter dehlct ses oin, mehno od *ego* dehlgiem invite i gostens.”

“Tib hams daht id waurmen os kwehre to,” declarit ia Rudh Ferz, “bet aundwoi tib ne buir doct maung politesse lections?”

“Ne med lections euct anghen politesse,” iey Alice. “Lections sont kay uces hissabe, ed jects kam to.”

“Sagvs tu hissabe un Addition?” sprohg ia Albh Ferz. “Quayt kwehrnt oin plus oin plus oin plus oin plus oin plus oin plus oin plus oin plus oin plus oin?”

“Ne woidim,” iey Alice. “Ho lust id conto.”

“Ia ne sagvt hissabe un Addition,” iey ia Rudh Ferz. “Sagvs tu hissabe un Substraction? Substrag nev ex oct.”

“Ne ghehdo substrage nev ex oct,” antwohrd akster-ye Alice: “bet—”

"Ia ne sagvt substrage," declarit ia Albh Ferz. "Sagvs tu hissabe un Division? Divid un dvan med un kniv—quod obtens tu?"

"Suppono—" bisieyg Alice. Bet ia Ferz antwohrdit pro iam: "Butterbrots, naturelika. Peit alyo Substraction. Substrag oin ost ex un kwaun: quod restet?"

Alice mohn: "Id ost ne restiet, weidwos, sei ghendiem id—ed el kwaun ne restiet, el gwehmiet ad dehnke me—. ed som yakin od ex me bihiet semject substragen!"

"Tughi mayns restiet tik oin deil as te?" sprohg ia Rudh Ferz.

"Ya, credeihm est id solution."

"Rhalts, kamadet; idschi patience al kwaun habiet bihe substract."

"Bet, ne ghabo—"

"Vedim, kleu me!" scricit ia Rudh Ferz. "El kwaun leusiet patience, ne?"

"Ya, maghses," iey Alice tadbir-ye.

"Seighi el kwaun abgwahiet, els patience restiet!" exclamit ia Ferz.

Alice kauih tun samt un bilkull serieus ton: "Ieter ghi ghehdiet abgwahe do un different direction." Bet ia khiek sib stambhes mehne: "Qua cacavanias wey saygmos!"

"Ia mutlak khacte hissabe!" exclameer bo Ferzas sammel med un akster voc.

"Ed yu, sagvte *yu* hissabe?" sprohg Alice volgend-ye brusk-ye kyam Albh Ferz, iaghi ne kiem bihe trohft tant rhaltend.

Ia Ferz ghyahih sien stohm ed clusit sien okwi. "Ghehdo hissabe un Addition sei mi biht dahn kafi wakt," declarit ia, "bet mutlak ne ghehdo *hissabe* un Substraction!"

"Naturelika, tu woidst tien ABC?" iey ia Rudh Ferz.

"Weidwos woidim!"

"Ioschi," murmurit ia Albh Ferz. "Siemos com recite id ops, mien dorgv magv. Ed vahm tib sayge un secret—sagvo lises ia werds uns brev! Ne est to schungjin? Bet, mae schawngdan: tuschi kwahsies, pos sem wakt."

Her, ia Albh Ferz iter intervenit: "Sagvs tu antwehrde ad util questions? Mathalan, quosmed biht dvan makht?"

"*To* woidim!" Alice cricit las-ye. "Preter, traigv est tohrpt—"

"Tregv? Est kay interrumpes un weir."

"Eh—wer ghi est tohrpt, eh, ar traigv crehsct in wer."

"Yaghi, sei ne esient weirs, ne esient tregvs—"

"Poskwo, traigv tehrp' bihe mohlt—"

"Ya, sei tregv ne bihiet mohldt, weir naduriet—" nabahsit ia Rudh Ferz med un anxieus voc. "Orm magv, smad swinde ays cap! Vaht kwehnde feber ob pelu memehnus!" Itak ias biwohrg ed swins iam med taungh waraks, hin Alice skul prehge ians ke stopeer, ob to pleukihsit ays kays bachimien.

"Ia hat ganisen nun," iey ia Rudh Ferz. "Gnohs tu Bahsas? Kam biht saygen 'vitule-de-die' in Lingwa de Planeta?"

"Bet 'vitule-de-die' ne est Sambahsa," jawieb Alice grave-ye.

"Qua hat aiwo sayct id eet?" iey ia Rudh Ferz.

Alice credih trehvus sem wassila kay nehse: "Sei yu mi saycte quos bahsa est 'vitule-de-die', vos saycsiem kam id biht saygen in Lidepla!" exclamit ia triumphant-ye.

Bet ia Rudh Ferza stohv ub ed sieyg: "Ferzas naiwo wesneihnt."

"Yadi Ferzas naiwo eiskwient werds" sib mohn Alice.

"Mae smad chides," ieyit ia Albh Ferza samt un anxieus ton. "Quod provoquet blix?"

"Quo provoquet blix," iey Alice baygh-ye gwaukan-ye, iaghi khiss destull yakin de to, "est stohnter—no, no!" Ia se hast-ye correxit. "Io mieyn id contrar!"

"Est pior sert kay correge to," ieyit ia Rudh Ferz. "Quando has saygen oin ject, tod est pact, ed tu dehlcs subihes ids consequences."

"To me mehmeiht," ieyit ia Albh Ferz, samt sien craspend ed discraspend hands nerveus-ye, "hams kwohndt un *solg* rlayu ye akhir ardie—io mieyn unte id akhir serie ardien, yu vidte."

Alice stieun: "In *mieno* land, ia kieu, est tik oin dien sammel."

Ia Rudh Ferz antwohrd: "Eno est un baygh miskin weidos os kwehre jects. Her, vids tu, diens ed nocts leite sammel in pairs au trins; ed hatta, in winter, wakyet od hams penk nocts ein pos ein—kay meis gverehms, vids tu."

"Sont penk nocts warmer quem oin noct tun?" Alice venturit sprehge.

"Penkwes warmer, weidwos."

"Yed sollient ses penkwes sriger, sekwent id sam reul—"

"Yaghi!" cricit ia Rudh Ferz. "Penkwes warmer, *ed* penkwes sriger—tem quem som penkwes richer quem tu, *ed* penkwes meis clever!"

Alice kwohster ed tyohgv. "Est exact-ye kam un muamma aun solution!" mohn ia.

"Humpty Dumpty isschi hat aurn id," nabahsit ia Albh Ferz ye khafi voc, kamsei ia tolkiet sibswo. "Is hat gwohmt ant id dwer samt un corcscruv in sien hand—"

"Kay?" sprohg ia Rudh Ferz.

"Is sieyg is *gwohmskwit,*" nalohg ia Albh Ferz, "ob is pieursk un hippopotam. Albatta, kam to wakyit, eet neid solg ject domi, ye tod aghyern."

"Est sem ter daydey?" sprohg Alice staun-ye.

"Yaghi, yed tik khamsis," iey ia Ferz.

"Woidim kay is hat gwohmt," iey Alice, "is punihskwit i piskens ob—"

Her ia Albh Ferza rebahsit: "Buit un *talg* rlayu, yu khacte fiker!" ("Ia *naiwo* ghehdiet, vids tu" ieyit ia Rudh Ferz.) "Ed un part ios tect buit abblaht, ed maung aumber lahsit endo—ed rollit ghom ia kyals torrent-ye—ed volvih ia tables ed ia jects—buim tem dekhschaten quem io khiek mehme mien wi nam!"

Alice mohn in se: "Naiwo mi enfalliet mehme mieno nam medsu un accident! Ka quod id daughiet?" Bet ia ne sieyg to jahar, ibo hurtes ia sentiments ias orm Ferz.

"Vies Majestat dehlct excuse iam," ieyit ia Rudh Ferz ad Alice, ghendend oiter iom hands ias Albh Ferzias do oiter sienen, ed gentile-ye breukend-ye id: "Est suamenos, yed khact vergihes sayge stupid jects, daydey."

Ia Albh Ferza spohc timid-ye Alice, qua khiss ia *skeuliet* sayge semject latif, bet druve-ye khiek mehne de ject ye tod moment.

"Ia hat naiw es' druve-ye tamijdar," nabahsit ia Rudh Ferz, "bet est staunend-ye kam suamenos ia est! Teip ays cap, ed vidsies kam amat ia aysiet to!" Bet to eet meis quem Alice hieb courage os kwehre.

"Lyt lutf—ed gurosihes ays kays do peyeth—kwehriet daumsa con iam—"

Ia Albh Ferz kwohster deub-ye, ed posit sien cap ep Alices oms. "Tem swehpskwo!" ia stun.

"Ia est strak, orma!" ieyit ia Rudh Ferz. "Sleiv ays kays—layn ay tien ghigilik—ed sehngv ay un seutend nanina."

"Ne ho ghigilik bi me," iey Alice, menxu ia pit obedihes id prest wehlen, "ed ne gnohm seutend naninas."

"Tun ioswo dehlgo kwehre id," ieyit ia Rudh Ferz, ed ia inkiep:

"Ep Alices grem, Potnia, plais rahat!
Wakt pro siesta, pre id fest est parat!
Quan id fest sessiet khatem, gwahsiems danse—
Rudh Ferz, ed Albh Ferz, ed Alice, ed quants!"

"Nun od gnohs ia paroles," nabahsit ia ponend-ye sien cap ep Alices alter oms, "sehngv id mige, ar ioswo baygh swehpskwo." Pos oin instant bo Ferzas deub-ye swohp ed snierc bilkull.

"Quod tehrbo io kwehre?" exclamit Alice, ambhspehcend-ye samt un perplex protiokwo, menxu oiter iom dwo rund caps, dind alter, rolleer ex ays omsa kay falle kam dwo gwaur masses ep ays grem. "Credeihm hat naiwo wakyen ad anghen kaure de dwo Rayns narcus sammel! No, naiw in id hol historia Englands—eti, to ne habiet ghohden wakye, chunke naiwo buit meis quem oin Rayn sammel—bet her smos in schakh, ed sont dwo Ferzas! Gehrte ghi, yusmee! Kam gwaur ias sont!" nabahsit ia impatient-ye. Bet ia hassilit neid alyum antwehrd quem uno mulayim snarcen.

Lyt ed lyt, id snarcen bihsit stets netter ed swohn stets meis kam uno music motive. Ia vighohd enderkwites werds, ed ia bikluster tem attentive-ye quem, kun bo tanghu caps vanier stayg ex ays grem, ia bedyohrc payn to.

Ia taiper stahsit ant un wonk porche ep ia werds "FERZ ALICE" eent in large buksteivs, ed ambhi id arche eet ein kinkinhamand; uter eet marken "Visitors" ed alter "Slougs".

"Vahm skehpte id end ios songv," mohn Alice, "ed dind tracsiem id—id—bet quoter tar kinkin tehrbo io trage?"

nabahsit ia, baygh daumend de ia werds. "Som neter visitrice, ni slouga. *Dehbhiet* ses oin marken 'Ferz', ne?"

Ye todpet moment, id dwer mulayim-ye enderghyahsit. Un longsnap creature xyieng unte id ghyahsa, sieyg: "Neid admittance pre dwo hevds!" poskwo zaghyien id dwer behngos-ye.

Alice stus ed swohn in vain diu. Ye id fin, un baygh veut batrac seddend ender un dru vistahsit ub ed klieup kyam; ia vohs un argu gehlb yifuku ed enorm bauts.

"Quod est nun?" iey is Batrac med un deubo branghu kwehster.

Alice vols, parat ad malame el prest quel prehpiet. "Quer est el khadim maimour med antwehrde ye id dwer?" bisieyg ia irat-ye.

"Quod dwer?" iey is Batrac.

Is bahsit tem lent-ye, med un tem caudasch voc, quem Alice, alnos ob irritation, quasi stiemp ep id grund. “Tod dwer, weidwos!”

Is Batrac spohc id dwer med siena mier tarn okwi unte un wassime minute; dind is gwohm prosch id ed ghnihsit id med sien pallex kam kay vide an id chato dissquamiet; dind is oispohc Alice.

“Antwehrde ye id dwer?” iey is. “Quod tar buit sprohct ye id?” Is eet tem branghu quem Alice ghohd payn aure iom.

“Ne ghabo quo yu maynte,” declarit Alice.

“Io bah Sambahsa, ne kwe?” nabahsit is Batrac. “Pon quando sprehct anghen un dwer?”

“Ne ho sprohgen id dwer!” iey Alice impatient-ye, “bet ho studen id!”

“Ne est baygh dohbro nudes gvalt!” muticit is Batrac. “To weidwos balahnt id!” Poskwo is gwahsit proscher tod dwer ed kielc id med uter sienen mier peds. “Tehrp’ bihe lassen in pace, ed id vos siet lasse in pace,” kwohs is klaupend-ye tsay ender sien dru.

Ye tod moment id dwer ghyahsit alnos, ed buit aurn un schrill voco quod sohngv—

“Ei Mundi ios Specule buit Alice qua hat sayct,
Ho un scepter in hand, ho un cron ep mien cap;
Ke quikwe creatures ios Mund ios Specule gwahnt,
con iam Rudh Ferz, iam Albh Ferz ed me ad dapane!”

Ed centens om vocs joineer id khor:—

“Tun plehte ia glasa tem oku quem yu ghehdte,
Ed covehrte id meja med flitters ed sregs!
Dehte mus do id chay, ed cats do id cofie-
Ed sellgwehmt’ Ferz Alice med trigim kers tri!”

Tun sohkw un confus owayblosk, ed Alice mohn in se, "Trigim kers tri kwehrnt nevgim. Daumo an anghen hissapt?" Pos uno minute buit iter silence, ed id sam schrill voc sohngv alya stiches:—

"'Gwehmt' prosch, iey Alice, 'o Specule Creatures!
Vide me ed aure me sont semper un plaisure:
Dinner ed pohe chay sont un grand privilege
Sei sont con me, iam Rudh Ferz ed iam Albh Ferz!'"

Tun sohngvyit id khor:—

"Tun parplehte ia glasa med tint ed rechal,
Au quodquid quod est druve-ye sensational;
Blendte wulna con id vin, ed sand con id fiz—
Ed med nevgim kers nev sellgwehmte Ferz Alice!"

"Nevgim kers nev!" repetihsit Alice, desparat. "Oh, bet to sessiet naiwo khatem! Est seller od io entre fauran." Ed buit uno mohrt silence kun ia prohp in.

Alice priglaz nerveus-ye id meja, menxu id ghieng ub id large hall, ed kieusit eent circa penkgim gosti, quanten gensen: sems eent animals, sems avs, ed eent hatta pauk flors bayna i. "Som masrour hant gwohmen aun intizarus bihe budt," mohn ia: "Naiwo habiem wois qui habiem tohrben invite!"

Eent tri honorplaces; ias Rudh ed Albh Ferzas ja occupeer dwo, bet tod medium eet tuich. Alice sess ghom tetro, destull bfuyow ob id silence, ed intizarnd kem anghen iam wehkwiet.

Ia Rudh Ferz vibahsit: "Has lipsen id soup ed id pisk," ieyit ia. "Kem id rost biht serven!" Ed ies kellners pos un muton-jamb ant Alice, qua spohc id destull anxieus-ye, kamsei ia hieb naiwo tohmt rost prever.

"Kwehcs lyt timid; sine me te presente tei mutonjamb," ieyit ia Rudh Ferz. "Alice—Mutonjamb: Mutonjamb—Alice." Id mutonjamb stahsit ub in id taler ed dientowit ant Alice; ed Alice dientowit tsay, ne woidend kweter ses dekhschat we amuset.

"Magho io vos dahe un fel?" ieyit ia, ghendend ub id kniv ed id ghabel, ed spehcend ex uter Ferz alyi.

"Sigwra ne," ieyit ia Rudh Ferz, baygh-ye gwaukan-ye. "Ne est etiquette tehme quelgvonc qual buist presenten. Stracte id rost!" Ed ies slougs abnihr id, brigh un large prunenpudding vice id.

"Ne bihskwo introduct, plais," iey Alice anter hast-ye, "sonst naiwo siemos dinner. Magho io vos dahe sem ex id?"

Bet ia Rudh Ferz bikwohkit skeud ed grumel: "Pudding—Alice: Alice—Pudding. Stracte id pudding!" Ed ies khadims oistraxeer id pre Alice hieb wakto kay dientowe tsay.

Lakin, dat ia ne vis ma tik ia Rudh Ferz wehliet, ia decis tente un experiment ed scricit: "Bringhte tsay id pudding!" Fauran id pudding wohs iter ant iam, kam per muschabadia. Eet tem tanghu quem ia khiek sib stambhes khisses lyt intimidet ant id kam ia hieb esen ant id mutonjamb. Lakin, ia meg se strohng ad kardehe sien timiditat ed pors un schtuk pudding ay Rudh Ferz.

"Quod un impertinence!" exclamit id pudding. Daumo quod saygies sei tehmiem un fel ex te, genis creature!"

Alice naspohc id, samt ghyahndo stohm.

"Sayg semject," kauih ia Rudh Ferz. "Est joking linkwes id hol conversation ei pudding!"

"Vahm vos sayge semject," bijawieb Alice, lyt dekhschat ab constate od, yant ia hiebit bibahn, tyohc uno mohrt silence menxu quanti stier ad iam. "Mi buir recitet wakels om poesis hoyd, ed quo est curieus, est od, in ielg poesis, lit meis au minter dayir pisk. Woid yu ma pisk bihnt tant kamt in tod land?"

Ia wohkwit iam Rudh Ferz, qua antwohrd lyt exter id topic. "Dayir pisk," declarit ia baygh lent-ye ed solenn-ye bringhend-ye sien stohm baygh proscher Alices aur, "Ays Majestat gnoht un wohnic muamma—hol in stiches—ed quer leit tik dayir pisk. Eiskws tu ke ia tib sayct?"

"Ays Rudh Majestat est pior sell de tolke de to," murmurit ia Albh Ferz ad Alices alter aur, med un voc tem swadh quem id gourren uns pigeon. "To esiet un megil plaisure pro me. Magho io sayge mien muamma?"

"Prehgo," iey Alice baygh polite-ye.

Ia Albh Ferz glih nraviht ed tip id gian ias bent. Dind ia bisieyg:

"'Prest, el pisk dehlct bihe kapt.'
Est facil: un baby, mehno, habiet ghohd kape el.
'Dind, el pisk dehlct bihe payght.'
Est facil: un penny, mehno, habiet ghohdt payghe el.

'Nun, coc mi el pisk!'
Est facil, ed ne siet tehrbe meis quem uno minute.
'In un pliat estu lyict!'
Est facil, ob el eet diutos lyehgend in id.

'Bringhe id her! Sine me dorkw'!'
Est facil dohbro pones un solgo pliat ep id table.
'Chefdover nosters cokw!'
Bet id cloche ed id pliat obkwehke inseparable!

Bo darnt mutu kam glimt—
Ed ia khakent bihe lut, quo stambht od io me amma!
Quoter ghehdt bihe nun tyict,
Auter bestehge el pisk, we aun-be-stehge id muamma?"

"Mehn unte oin minute dind gvaedd," iey ia Rudh Ferz. "Entrim, vahms drehnke pro tien sieune—Prosit Ferz Alice! Hul ia hol gwis-ye." Vasyi gosti bidrohnk fauran pro ayso sieune. I tyic to samt un baygh bizarre weidos: sems pos ir glaso supihn ep ir cap, kam un sgwesdel, ed sorpseer quanto smusit ir lige—alyi volvihr ia bardaks ed drohnk id vin quod sru kata ia borsa ios meja—ed tri ex i (qui kwohkeer kam kangurus) glohm do id pliat ios mutonjamb ed bilap id sauce, "exact-ye kam swins in un ald," mohn Alice.

"Tehrbies danke med un suart logos," declarit ia Rudh Ferza spehcend-ye Alice, brovend-ye.

"Tehrbmos te stehme," murmurit ia Albh Ferz ye id moment kun Alice stahsit ub meg docil-ye, bet samt sem apprehension, kay bilehge.

"Dank spollay," antwohrd Alice ye khafi voc; "bet nel-ye wano bihe stohmen."

"Impossible; to ne poitt," ieyit ia Rudh Ferza samt un peremptor ton. Ed Alice pit fuschioue khalal tod ceremonia.

("Ias me sohr tem angh-ye," sieyg ia serter, narrend-ye sieni swester id storia ios dapan, "quem habiem credihn ias plattihskweer me kam un placunt!")

Megghi ay molicit nastahe menxu ia se pariet ad lehge: bo Ferzas tant pusceer iam, ieter ex sien gon, quem ias quasi xubh iam do hava. "Stahm ub kay danke—," bilohg ia. Edghi ia stahsit ub meis quem ia exspectit, ar ia lud unte oik inch uper id podloga; bet ia antgrip id bors ios meja ed ghohd restighes ghom.

"War!" cricit ia Albh Ferz, seizend-ye med bo hands ays kays. "Semject vaht wakye!"

Ye tod moment (bariem Alice narrit to poskwo), vasyalg jects wakyeer sammel. Iamen kiers ludeer tiel id tavan, quer wierdheer do vadja epkihn ab un piurnwehrg. Ielg de botel lambh un pair talern ed sib adjustit ia ka ptergs; dind, pos se beghabus med ghabels ka pods, ia bidwiej bachimien. "Ed kwehkent staun-ye kam avs," mohn Alice, medsu id dekhschatic inkapend disaurdhen.

Fujatan, ia ieur un branghu gleimen nieb se. Ia vols kay vide ma ia Albh Ferz glih ithan; bet, vice iam Ferz, sess id mutonjamb ep id stul—"Her som io!" cricit un voc ex id sahan, ed Alice vols iter just barwakto kay vide id weur ed suamenos lige ias Ferz ay smihes, unte oin secunde, uper id bors ios sahan, pre disprehpe do id soup.

Neid minute eet leustu. Ja plur gosti lyohg in ia pliats, ed id gao ghieng ep id meja kye Alice, ay znaycend ke se ierk ud ids agmo.

"Neti ghehdo tehle to!" scricit ia seizend-ye id skatert med bo hands. Ia traxit unte oin gvaltic schtoss, ed talers, pliats, gosti, kiers, nisturd behngos-ye kyep id podloga.

"*Yu* de," nabahsit ia, volgend-ye samt un furieus protiokwo kyam Rudh Ferz ia kohnsit ses id cause ios hol khitert—Bet ia Ferz neti eet nieb Alice—Ia hieb fujatan skrepto tiel id mege as un lytil pupp, ed wohs taiper ep id meja, aptercurrend vessel-ye ambh seswo sien wi schal quod lik apter iam.

Ye ceter moment, Alice habiet oistaunto de to; bet ia eet pior meg excitet *taiper* kay staune de quodkwe. "*Vos* de," repetih ia, seizus iam lytil creature ye idpet moment kun ia eet kamernd un botel quod hieb just landen ep id meja, "vahm scutte vos hina yu vos transformet do catika, yu siete!"

Capitel X

Scutten

Ja ieyrit iam ex ep id meja sammel kun ia bahsit, ed scuss iam perodhtos retro med sien hol nerce.

Ia Rudh Ferz nel-ye resistit; ays lige skreb, ays okwi bihr weurer ed glend, dind, menxu Alice nascuss iam, sa ne stopit bihe corter—piwoner—mliaker—runder—ed—

Capitel XI

Gehren

——Vilit ghi de unu smulk sword catika.

Capitel XII

Quoter hat Drohmt?

"Vies Rudh Majestat ne tehrbiet snurdes tem honar-ye," iey Alice, ghneihnd-ye sien okwi ed wehkwnd iam catika med uno muadeb voc lakin pregen ab sem strehnge. "Me has protiebudt ex—. oh! Un tem jamile drehm! Ed has manen con me unte id hol wakt, Kitty—unte id hol Specule Land. Woisst tu to, makhbouba?" Catikas (Alice hieb ja kaun to) hant un baygh-ye ghyalir adet: quodkwe bih sayct iabs, ias oisneurdent semper kay antwehrde. "Yadi ias sneurdient kay sayge 'ya' ed miauient kay sayge 'no', we yadi respectient un solg prabhil, kay i mensci ghehde tolke con ians!" hieb ia sayct. "Bet quosmed ghehdt anghen tolke con anghen quel semper antwehrdt lika?"

In tod circumstance, ia catika tik snurd; ed buit impossible tarke kweter ia mieynit 'ya' au 'no'.

Also Alice bipieursk bayna ia schakhpieces ep id table hina ia hieb retrohven iam Rudh Ferz; tun, ia genuit ghom ep id vatragiutan ed placit iam sword catika ed iam Ferz face mutu. "Nun, Kitty!" cricit ia, clackeihnda sien hands triumphant-ye. "Confett tu ees transformen do iam!"

("Bet ia hat refuset spehce iam Ferz," explicit ia lyt serter sieni swester; "ia hat diswohrten sien cap pretendend-ye ne vide iam. Yed, ia hat tengien *lyt* aygve, itak credeihm Kitty eet druve-ye ia Rudh Ferz.")

"Sedd ub lyt wardher, makhbouba!" cricit Alice samt uno merig gleimen. "Ed ikhtiram menxu mehns de—quo tu vahs snurdes. Spart wakt, mehm!" Dind ia ghens iam ub ed biuc iam, "just in honor os esus un Rudh Ferz."

"Sneigvter, makhbouba," nabahsit ia, spehcend-ye uper sien oms iam Albh Ferz qua dar subih id tualette quod ay kwohr ia veut cata, "daumo quando Dinah sessiet khatem de vies Albh Majestat? Aundwoi ob to ees tu tem murdar in mien drehm.—Dinah! Woidst tu od es aunsreupeihnd un Albh Ferz? Druve-ye, est maung rhayr-muadeb ud te!"

"Ed do quel hieb-se *Dinah* transformet, daumo?" nacanakevit ia, strehcend-ye comfortable-ye, kneigvend ep uter olan, kay meis suaspehce ians cats. "Sayg mi, Dinah, hiebst tu biht Humpty Dumpty? Yaghi credeihm; bet mae tolk de to tienims prients, ob ne som baygh sure de."

"Aproposs, Kitty, sei habies esen druve-ye con me in mien drehm, est oin jec' quod te habiet plaist enorm-ye: mi buir reciten wakels om poesis, ed quants eent dayir pisk! Cras sessiet un druv fest pro te: menxu praeddsies tien snidan, tib recitesiem '*Is Morja ed is Tecton*', ed ghehdsies simule praedde ostris!"

"Vedim, Kitty, smad ghi mehne lyt de oin ject: quoter hat drohm' de to hol? Est un baygh important question, makhbouba; ed ne dehlgies nalinges tien pod kam kwehrs—kamsei Dinah ne te habiet laven todeghern! Vids tu, Kitty, *dehlct* esus auter ego au is Rudh Roy. Is eet part miens drehm, weidwos—bet tun ioschi buim part os eys drehm! Kwe buit is Rudh Roy quoter hat drohmen, Kitty? Tu dehlcs woide to, chunke ees eys esor—Oh Kitty, prehgo ke me hehlps ad solve tod question! Som sure tien pod maght intizare!" Bet ia exasperant catika se contentit med linges sien alyo pod, ed pretensit ne aurus id question.

Quoter mehnte yu, magvi, hat drohmen?

Oin bark, ender un waurn os lient,
id sakwn rivierwedor iendh
unte un golden Jul posmiddien—.

In tod nauk tri heudelnd bents
ambhglanzent ed akowsient,
kleusternd tod narn tiel id end.

Nun tod waurn se vipalleiht:
mehmens mehrnt ed echos gveihnt:
osyern frosta Jul vineice.

Poskwo tu, Alice, dar ghehds
in ansu possowel trehce,
tik gehrnd okwi khake te dyehrce.

It ke tod narn tiel id end,
ambhglanzend ed akowsiend,
kleusternt alyi pwarns ed bents!

Ed in Daumsenland sessient,
drehmend, menxu dehne ia diens,
drehmend, menxu mehre ia lients:
id aunfin rivier nastrehm',
tod Jul semper siemos mehme.

Gwit, quod est id sonst un drehm?

Is Peruca-Vehsend Vesp

Un "suppressen" episode os
Ocolo id Specule
ed Quo Alice Trohv Ter.

Preface

Quando Lewis Carroll scripsit *Ocolo id Specule,* John Tenniel, is reisser, ne kiem oino iom episodes; itak-ye Carroll exclus tod. Tod episode est nundiens kalen "Is Peruca-Vehsend Vesp" ("The Wasp in a Wig")—ed est neid capitel quayque Tenniel descripsit id ka oin. Tod episode buit lusen tiel 1974. Plur suggestions buir anacta kay explie ma Tenniel rejexit tod passage. Dien 1sto Juno 1870, Tenniel hiebit script quo sehkwt ad Carroll:

> Mien kyar Dodgson.
>
> Meiliem kem unte id scene ios *kamernd* train yu antgripeihiete Alice id *berd* ios Bockios ka object prokwst ays hand—anter quem id kayso ias veut potnia. Todghi scuss comsmittiet i.
>
> Mae me pehndte brutal, bet skeulo sayge od id '*vesp*' capitel nel-ye me interesset, ed ne vido quo maghiem risses de id. Sei yu eiskwte bragvnes id buk, khako mi stambhes mehne enod est un waurmen pro vos.
>
> Unte un extreme hast
>
> Sincere-ye voster
>
> J. Tenniel.
>
> (surce: *The Annotated Alice*, page 283)

Uno nepot os Carroll, Stuart Dodgson Collingwood, sieyg od Tenniel hieb scriben od "Un *vesp* vehsend un *peruca* leit trans cada kipimkan." Maung leuds memieyneer schowi od tod episode buit likwt ob Tenniel ne volit risses un talg vesp. Kadschi Tenniel hieb neid behandet wakto tun ob is oiskul dadwe semject ei rissala *Punch* pre sem kixien. Martin Gardner maynt kad Tenniel (qui hieb tadrijan kaykasct ob un fehkhtaccident kwohnden dwogimat) ne eet cooperative bi-sabab kam is vesp naydt Alices okwi. (Id kwiter tos episode buit rissen ab Ken Leeder. Tod buit vis ye id prest ker in id edition os *The Wasp in a Wig* publien ab Macmillan in London in 1977.)

Tod passage habiet dohlgen bihe publien pos id episode samt iom Albh Maurkritter. En id stet quer Carroll dughskwit id:

"Spehm to proe-meudheiht iom ub", ia sib iey, abgeirnd-ye tiel pod id clin. "Nun, pos id senst sprut, id Ferz Cron!" Ia stiup kyana tod sprut. "Bad! En id Octim Sadrencpold!" scricit ia, uperskacend-ye id perruakchei—

*   *   *   *   *   *
*   *   *   *   *
*   *   *   *   *   *

ed se xeubhend-ye, kay rahate ep un travplor tem melsko quem un mosscovehr, alnos comspers med smulka florenparterres. "Oh! Kam masrour som io ob ses her! Bet, quod tar mien cap vehst?" exclamit ia med un consternat voc, bringhend-ye sien hand uni baygh-ye gwaur objecti quod king ayso chol.

"Vedim, quosmed buit id dughen tetro aun io wois to?" ia sib iey ayrend-ye id object ed dehnd-ye id ep sien grem kay vide quo tod miegh ses.

Eet un golden cron.

114

Is Peruca-Vehsend Vesp

. . . ed ia sal-uperskiec, quan ia ieur un deub kwehster, quod kwohkit gwehme ex id bosc apter iam.

"Est semanghen *meg* biedan ter," mohn ia, volgend-ye anxieus-ye kay vide quo wakyit. Semquis kwehkend kam un geront (ploisko od eys lige eet meis kam tod uns vesp) sess ghomi, alnos heudelnd protiev un dru, ed kreusend kamsei srigehsit.

"Ne ho id *pondos* od ghehdo kwehre quodkwe kay hehlpe iom," buit Alices prest bren, menxu ia abvols kay uperskace id sprut:—"bet vahm lakin sprehge iom quod dusleit," namohn ia, mutamaynend fin-ye. "Yant habsiem uperskact, quant habsiet changet, ed neti ghehdsiem hehlpe iom."

Itak ia ghieng retro kyom Vesp—anter protievol, iaghi *eemimehnt* ia vahsit bihe Ferz.

"Oh, mien veut osta, mien veut osta!" Eet is rieudend kun Alice gwohm prosch iom.

"Sigwra rheumatismes!" mohn Alice, dind ia se clihsit uper iom, ed sieyg baygh latif-ye: "Spehm ne vos pior gvolent?"

Is Vesp tik plex ed diswohrt sien cap. "Ah, bieda!" is sib sieyg.

"Magho io kwehre semject pro vos?" nasprohg Alice. "Srigehte yu her?"

"Kam deurste yu!" sieyg is Vespo samt un skeudo ton. "Waytat, waytat! Kam bihnt i magvi!"

Alice khiss destull offenden ab tod antwehrd, ed quasi salabghieng, bet ia vimohn "Kad tik ob gvol est is tant dusdumos." Itak ia iter abgir.

"Niete yu sines me hehlpe vos ad sedde ocolo? Yu neti sessiete exposen ei srig wind ter."

Is Vesp ghens ays brakh, ed sis iam sehlke iom ocolo id stamm, bet kun is buit iter seddend, is tik sieyg, kam prever: "Waytat, waytat! Khacte yu lasse anghens in pace?"

"Kamiete yu ke vos leiso lyt ex tod?" nasprohg Alice, kun ia ghens ub un journal quod hieb lyohct pod iom.

"Yu ghehdte lises id sei yu sagvte," iey is Vesp, anter skeud-ye. "Nimen vos stambht to, sekwent quo *ego* woid."

Tun Alice sess ghom nieb iom, skieter id journal ep sien grem, ed bilis. "*Akhir novs. Id explorationspartie hat kwohrt alyo tour in id Camra, ed hant aunstohct penkwe nov schtuks os albh suker, taungh ed in dohbro stand. Unte id reikitner—*"

"Ne brun suker?" is Vesp interrup.

Alice hast-ye uperlis id journal ed sieyg: "No, saygent neid de brun."

"Neid brun suker!" plens is Vesp. "Ah! Quod un exploration!"

"*Unte id reikitner*," nalis Alice, "*aunstohgeer un rechallac. Ia oupers ios lac eent blou ed albh, ed kwohkeer kam giki. Buit un trauric accident kun guseer id rechal: dwo members ios partie se hant forlict—*"

"*Forlict?*" Forliken au forligen? Ti journalistes druve-ye ne sagve redage clar-ye!" iey is Vesp samt pelu malal.

"Kad i journalistes mayne od id accident ubgwohm ob i victims bo pior lik ed lig—" Alice antwohrd aun maung yakinia—

"Credeihm anter od i journalistes neter woid quoter wakyit, ni hant woidskwn!" jawieb is Vesp samt grassab. "Plais zaleiste! To me erght!"

Alice pos id journal. "Baym od yu ne leitte wal," ieyit ia samt un seutend ton. "Magho io kwehre semject pro vos?"

"Ah—est due id peruca—" iey is Vesp med uno swadher wehkwos.

"Due id peruca—vehse un peruca we bi-sabab id peruca?" sprohg Alice, nisbatan rohmen ab vide is kwohk sakwnasce.

"Yuschi esiete skeud, sei yu habiete un peruca kam mieno," nalohg is Vesp. "Gigoilent me. Kikwehndeihnt me. Ed tun bibihm skeud.Ed sisrigehm. Ed siseddo protiev id dru. Ed gighendo mien gehlb handchirk. Ed sisbehndo mien ghyanu iosmed—kam taiper."

Alice spohc iom mildet-ye. "Sbehnde sien ghyanu med un rica est baygh gohd contra dentgvol," ieyit ia.

"Ed est baygh gohd contra dimaar," etimlusit is Vesp.

Alice ne pretit tod werd. "Est tod un genos os dentgvol?" sprohg ia.

Is Vesp reflex lyt. "Eh, no," iey is: "est quando yu wardheihte vies cap—*it*—aun klehnge vies coll."

"Oh, yu maynte stip-coll," iey Alice.

Is Vespo sieyg: "Tod sollt ses un nuper-inventen werd. In mien zaman eet kalt 'dimaar'."

"Dimaar ne est un siuge," kieusit Alice.

"Si, est oin," iey is Vesp: "intizarte ghi hina vos gvolt, ed tun yu woidsiete. Quando yu vikwehndsiete id, peitte ghi sbehnde vies ghyanu med un gehlb handchirk. To siet schife vos fauran!"

Is disbohnd id handchirk menxu is bahsit, ed Alice spohc eys peruca samt megil surprise. Eet lucrogehlb kam id handchirk, ed alnos implohcto kam un chuff khaysaw. "Yu tehrbiete eurpihes vies peruca," ieyit ia, "kafi est gwahe bei perucar."

"Quis? Bei Perucar? Io ne wois od sem insects sont perucars! Interessant!"

"Eh—Io mieyn bi sem perucar—Beis makhe mielt ed alveys, bet ne perucas—"

"Ah—" constatit is Vesp qui kwohk decept. "Vahm sayge ma ho gwohmen do me kufye med un peruca. Quan eem yun, mien zulfs much eeleikent—."

Un curieus idee enfiell ad Alice. Quasi quanti ia hieb incontren hieb ay reciten poesis, ed ia mohn an ia maghiet budes iom Vesp ke kwohr toschi. "Maghiete yu sayge to mi med stiches?" sprohg ia baygh polite-ye.

"Ne swehdo," iey is Vesp: "lakin vahm pites; intizarte lyt." Is buit silent unte oik moments, dind bilohg:—

"Quan eem yun, mien zulfs ed ghayts
Eeleikent ye quant scussa
Ed mi buit sayct 'Tehrbies ia taye
Med uno gehlbo peruca.'

Bet quan io hieb sohkwt ir radh,
Me ne pohndeer tem khauris
Quem i hieb speht ka resultat,
Ed de tod hadtha bihr trauric.

Aygveer ye id hogst degre',
I ne hieb volen ses khiter.
Bet quod kwehre? Habte yu un ide'?
Mien zulfs ne sient recrehsce iter

Chunke taiper som veut ed canut,
Kays proaiwo sessiem beghis.
Kun leuds me vide, semper bihm hut:
'Kam maghs tu vehse un talg mergis?'

Ed ielgs kun dworis io venture
Goilent ed me kalent 'Suika!'
Ed to hol io dehlgo endure
Ob vehso un gehlb peruca."

"Som druve-ye maaf dia vos," iey Alice kerdwarm-ye: "ed mayno od sei vies peruca esiet lyt meis suarranget, ne tant vos henselient."

"*Viesghi* peruca est baygh suart," murmurit is Vesp, spehcend iam samt un admirative wajkho: "bet ne dehbht vies capforme. Vies ghyanus ne sont sunder, ed suppono yu khacte suadehnke iommed?"

Alice quasi se foriliey ed changit to bikull do kwaster, dind ghohd visayge grave-ye, "Ghehdo dehnke quodlibt."

"Ne med un tem smulk stohm," se perstiv is Vesp. "Sei yu esiete katuend, taiper, ghehdiete yu sizes alter per els neuk?"

"Baym io niem," iey Alice.

"Yaghi, est ob vies ghyanus sont pior cort," nabahsit is Vesp: "yed id topp vosters cap est rund ed jamile." Is oisduit sien wi peruca menxu is bahsit, ed rexit uter nogho kye Alice, kamsei is viensch ia kwehriet id sam, bet ia mien exter prayghest ed ne ghieb. Schowi is nacritiquit.

"Tun, vies okwi, sont pior ye id front, yaghi. Daugh' ka neid habe dwo sei sont tem prokwem mutu—"

Alice ne kiem klues tant personal remarkes, ed dat is Vesp kwohkit ganeisus, ed hiebit bihn baygh tolkav, ia mohn ia miegh linkwes iom in sakwnia. "Nun tehrbo nakwehre mien itner," ieyit ia. "Khuda hafiz."

"Khuda hafiz, ed mersie," iey is Vesp, ed Alice stighit ghom id clin, destull rohmen ob bo ghehde natrehce ed dahvs oik minutes kay tassallise iom orm veut creature.

Appendix

A short grammar of Sambahsa

Pronunciation rules

Sambahsa uses the same letters as English; unless otherwise indicated, consider that isolated letters are pronounced approximately as in English.

a	[ɑ] like *a* in **car**
ae	[aɪ] like the English pronoun *I*
ai	[ɛ] like *e* in **bed**, but longer
au	[aʊ] like *ow* in **how**
b, bh	[b] like *b* in ***bib***
c	[k] like a *k* before *a*, *o*, *u*
	[ts] like *ts* before *e*, *i*, *y*
ck	[k] always like *k*. Counts as a double consonant *k* + *k*
ch	[tʃ] like *ch* in ***church***
	[k[like *k* before a consonant (e.g. ***Ch*rist**)
d, dh	[d] like *d* in ***dog***
e	[e] like *é* in **café** when stressed, or as the first letter of a word, or followed by a doubled consonant

	[ə] otherwise like *e* in **th*e***, and even unpronounced at the very end of a word (e.g. **ros*e***)
	Ø An unstressed *e* followed by *s* or *t* at the end of a word is unpronounced, unless it serves to distinguish this *s* or *t* from the consonant before it (e.g. **ros*es***). However, unstressed *e* is always pronounced in **ques** and **quet** [kwəs], [kwət]
eau	[oː] like a long *o*, as in **bur*eau***
ee	[eə] like stressed *e* + unstressed *e*
eu	[ø] like *ur* in **b*ur*n**, but a little longer.
g	[g] like *g* in ***g*ive**
	[dʒ] like *g* in **chan*g*e** before *e*, *i*, *y*
gh	[g] always like *g* in ***g*ive**
gn	[ɲ] like *ny* in **ca*ny*on**
h	[h] before a vowel, as in English (e.g. ***h*at**)
	Ø after a vowel, it is unpronounced, but lengthens the vowel
i	[ɪ] like *i* in **b*i*t**
ie	[iː] at the end of a word, like *ee* in **stand*ee***
	[jɛ] followed by a consonant, turns to *ye*. E.g. *ies* is pronounced like "yes" in English
j	[ʒ] always like *si* in **vi*si*on**
k	[k] like *k* in ***k*ir*k***
kh	[x] like *ch* in Scottish **lo*ch***
oe	[ɔɪ] like *oy* in ***oy*ster**
ou	[uː] like *ou* in **y*ou***
ph	[f] always like *ph* in ***ph*iloso*ph*y**
qu	[kw] like *kw* before *a*, *o*, *u*
	[k] like *k* before *e*, *i*, *y*
rh, rr	[r] like a rolled *r* in Spanish or Italian
s	[s] as in English;
	[z] between two vowels is like *z* (e.g. **rose**)
sc	[sk] like *sk* before *a*, *o*, *u*
	[s] like *s* before *e*, *i*, *y*
sch	[ʃ] like *sh* in ***sh*y**
sh	[ç] like *ch* in German **i*ch***
t	[t] like *t* in ***t*ar*t***
th	[θ] like *th* in ***th*in**
	[t] like a *t* when next to an [s] [z], [ʃ] or [ʒ]
u	[u] like *oo* in **m*oo*se**
	[y] like French *u* or German *ü* if one of the two next letters is *e*
ue	[yː] like a long French *u* or German *ü*

ui	[wi] like *we* in English
uy	[ui] like the *ooey* in **gooey**
x	[ks] or [gz] depending on the phonetic environment
y	[j] before or after a vowel, like *y* in English **you**
	[y] between two consonants, like a French *u* or a German *ü*
	[ɪ] in word-final position *y* and *ys* as in **baby** or **Gladys**
z	[dz] like pronounced *dz*

Stress

In Sambahsa, to locate the stress, you must start from the last syllable and determine if it is stressable following the rules below.

Automatic Stress:

- always stressed: a vowel followed by a doubled consonant, **-el** if one of the two letters before it is **o** (e.g. **hotel**), **-ey** and **-in**
- never stressed: **-ule**, **-ing**, **-(i)um**
- prefixes and the letter **w** are never stressed. Likewise, semi-vowels cannot be stressed.

Main rules:

- a single vowel as the last letter of a word is never stressed; the stress goes on the next vowel before (but never on a semi-vowel).
- Diphthongs and long vowels (vowel + **h**) are always stressed
- **a**, **o**, **u** followed by a consonant (except **s**) or a semi-vowel are stressed.
- a final **-s** has no influence on accentuation

Compounds:

Same rules as for simple words, except that only syllables that could have been stressed in the separate elements can be stressed in the compound. The suffixes -ment and -went count as if they were separate words.

Plural

The simple form is the singular number. The plural number ends in **-s**. If that is phonetically incompatible with the preceding consonant (e.g. **s**, **ch**, **j**), then **-i** (for animate beings) or **-a** will be used. If all those forms do not match with the stress rules, no endings shall be used. **-um** of names of things turns to **-a** in the plural. The unstressed endings **-es** or **-os** turn to **-si** or **-sa**. According to an optional rule, names of groups of animate

beings ending with a letter which is phonetically incompatible with a final s (ex: **s**, **ch**, **j**) may have no ending for the plural number. Examples:
div 'god', *pl.* **divs**
urx 'bear', *pl.* **urx(i)** (as it is a collection of animate beings)
territorium 'territory', *pl.* **territoria**
daumos 'wonder', *pl.* **daumsa**
deutsch 'German', *pl.* **deutsch(i)** (as it is a collection of persons).
prince 'prince, son of a sovereign', *pl.* **princes**

The sole irregular plural in Sambahsa is for **ok** 'eye', *pl.* **oks** or **okwi** 'eyes'.

Declension

Sambahsa uses the same word for "the" and for the personal pronoun of the third person. Genders are masculine, feminine, neuter, and undetermined. However, the genitive applies only to "of the", since the personal pronouns use possessive pronouns instead.

Pronouns and articles

Definite article 'the'

	3m sg.	*3f sg.*	*3n sg.*	*3u sg.*	*3m pl.*	*3f pl.*	*3n pl.*	*3u pl.*
N	**is**	**ia**	**id**	**el**	**ies**	**ias**	**ia**	**i**
A	**iom**	**iam**	**id**	**el**	**iens**	**ians**	**ia**	**i**
D	**ei**	**ay**	**ei**	**al**	**ibs**	**iabs**	**ibs**	**im**
G	**ios**	**ias**	**ios**	**al**	**iom**	**iam**	**iom**	**im**

Demonstrative adjective 'this'

	3m sg.	*3f sg.*	*3n sg.*	*3u sg.*	*3m pl.*	*3f pl.*	*3n pl.*	*3u pl.*
N	**cis**	**cia**	**cid**	**cel**	**cies**	**cias**	**cia**	**ci**
A	**ciom**	**ciam**	**cid**	**cel**	**ciens**	**cians**	**cia**	**ci**
D	**cei**	**ciay**	**cei**	**cial**	**cibs**	**ciabs**	**cibs**	**cim**
G	**cios**	**cias**	**cios**	**cial**	**ciom**	**ciam**	**ciom**	**cim**

Demonstrative adjective 'that'

	3m sg.	*3f sg.*	*3n sg.*	*3u sg.*	*3m pl.*	*3f pl.*	*3n pl.*	*3u pl.*
N	**so**	**sa**	**tod**	**tel**	**toy**	**tas**	**ta**	**ti**
A	**tom**	**tam**	**tod**	**tel**	**tens**	**tans**	**ta**	**ti**
D	**tei**	**tay**	**tei**	**tal**	**tibs**	**tabs**	**tibs**	**tim**
G	**tos**	**tas**	**tos**	**tal**	**tom**	**tam**	**tom**	**tim**

Relative and interrogative pronouns 'who, what'

	3m sg.	*3f sg.*	*3n sg.*	*3u sg.*	*3m pl.*	*3f pl.*	*3n pl.*	*3u pl.*
N	**qui(s)***	**qua**	**quod**	**quel**	**quoy**	**quas**	**qua**	**qui**
A	**quom**	**quam**	**quod**	**quel**	**quens**	**quans**	**qua**	**qui**
D	**quei**	**quay**	**quei**	**qual**	**quibs**	**quabs**	**quibs**	**quim**
G	**quos**	**quas**	**quos**	**qual**	**quom**	**quam**	**quom**	**quim**

**qui = relative pronoun, quis = interrogative pronoun*

Cis is far less used than **so**. Another demonstrative pronoun is **enos** ('here he...') which uses the endings the "euphonic vocalization" (see below).

A negative adjective/pronoun (no-one, nothing) is **neis, nia, neid** which consists of **n(e)** + **is, ia, id** (the word must always be monosyllabic). The masculine nominative plural is **noy**.

The indefinite article is **un**, which can bear the endings of the euphonic declension.

Other personal pronouns are:

	1 sg.	*2 sg.*	*3m sg.*	*3f sg.*	*3n sg.*	*3u sg.*
N	**ego, io**	**tu**	**is**	**ia**	**id**	**el**
A	**me**	**te**	**iom**	**iam**	**id**	**el**
D	**mi**	**tib**	**ei**	**ay**	**ei**	**al**
G	**mien**	**tien**	**eys**	**ays**	**ids**	**els**

	1 pl.	*2 pl.*	*3m pl.*	*3f pl.*	*3n pl.*	*3u pl.*
N	**wey**	**yu**	**ies**	**ias**	**ia**	**i**
A	**nos**	**vos**	**iens**	**ians**	**ia**	**i**
D	**nos**	**vos**	**ibs**	**iabs**	**ibs**	**im**
G	**nies**	**vies**	**ir**	**ir**	**ir**	**ir**

The reflexive pronoun is **se** (accusative) and **sib** (dative).
The reflexive possessive pronoun is **sien**. 'Each other' is **mutu**.
The preposition **os** 'of' agrees in number and gender with the possessor:

3m sg.	*3f sg.*	*3n sg.*	*3u sg.*
os	**as**	**os**	**es**

3m pl.	*3f pl.*	*3n pl.*	*3u pl.*
om	**am**	**om**	**em**

The "euphonic vocalisation" is the set of optional declensional endings that can be used with adjectives and substantives, if their accentuation allows it. However, these endings ought to be always used with **vasyo** 'all (of) the' and **alyo** 'another'.

	m sg.	*f sg.*	*n sg.*	*u sg.*
N	-o(s)	-a	-o/-um	-is*
A	-o/-um	-u	-o/-um	em*
D	-i	-i	-i	-i
G	-(io)s	-(ia)s	-(io)s	-(e)s
V	-e			

**For animate beings only.*

	m pl.	*f pl.*	*n pl.*	*u. pl.*
N	-i	-as	-a	-i*
A	-ens	-ens	-a	-ens*
D	-ims	-ims	-ims	-ims
G	-(e)n	-(e)n	-(e)n	-(e)n

**For animate beings only.*

Conjugation

In Sambahsa, verbs bear conjugational endings; however, past tense endings are optional for verbal stems that undergo an alteration for the past tense. The full conjugations of the three irregular verbs **ses**, **habe**, and **woide** will be given after the general rules.

Except for the three irregular verbs below, the conjugation of a Sambahsa verb can be deduced, not from its infinitive, but from its bare stem. In dictionaries, Sambahsa verbs are always indicated under this form.

Some final consonants of verbal stems change if the ending begins with **-s** or **-t**: **-b**, **-k**, and **-g** turn respectively to **-p-**, **-c-**. If the verbal stem is in **-eh-**, **-ei-**, or **-eu-**, a final **-v** turns to **-f-**. Examples:

kwehk 'to seem'	→	**kwehcs, kwehct** 'you seem, it seems'
scrib 'to write'	→	**scrips, script** 'you write, he writes'
leiv 'to lift'	→	**leifs, leift** 'you lift, he lifts'
but **lav** 'to wash'	→|	**lavs, lavt** 'you wash, he washes'.

The final **-gv** of verbal stems never undergoes any modification of any kind.

Person	Present and other tenses	Past tense
1st sg.	**-o**, **-m** if the verb ends with a stressed vowel sound, and no ending in the remaining cases	**-im**
2nd sg.	**-s**	**-(i)st(a)**
3rd sg.	**-t**	**-it**
1st pl.	**-m(o)s**	**-am**
2nd pl.	**-t(e)**	**-at**
3rd pl.	**-e(nt)** if the verb ends with a stressed vowel sound, or if **-e** is incompatible with the accentuation, then **-nt** must be used	**-eer** if the verb ends with a stressed vowel sound, **-r** is enough.

The present tense endings are added to the verbal stem, as indicated above. An exception concerns the "nasal infix" verbs, which have an unstressed **e** as their penultimate letter, and a **m** or a **n** before or after it. Then, in the present tense, the **e** disappears wherever this is phonetically possible, and so does any **s** or **ss** present before this **e**. Examples:

supressem 'to suppress' → **suppremo** 'I suppress'
confu̇ned 'to confound' → **confu̇ndo** /I confound'

The past tense form of the verbal stem is obtained this way:

1 Nasal-infix verbs lose their **m** or **n**, and the "Von Wahl rules" (see 4) apply too.
2 If the verbal stem ends with an unstressed **-e**, nothing changes. The past tense endings must be used, and this final **e** is dropped if necessary. If the ending is **ie**, it can turn to **ic-** before the past tense endings.
3 Otherwise, if the verbal stem has, as central letters, **eh** + a single consonant, **eu**, **ei(h)**, **a**, **ay**, or **au**, they turn respectively to **oh**, **u**, **i(h)**, **ie**, **iey**, or **ieu**. This modification is called **ablaut**. It is possible but rare to ignore ablaut for verbs in **a**, **ay**, and **au**.
4 Other verbs (as well as nasal infix verbs) can undergo the application of the "Von Wahl Rules" if they end with certain consonants:

verbal stem final consonants	*final consonants after modification*
-d	-s
-dd, -tt	-ss
-rt, -rr, -rg	-rs
-lg	-ls
-ct	-x

5 Remaining verbs must use the past tense endings. If two vowel sounds collide, an s (the "sigmatic aorist") is inserted between the verbal stem and the past tense ending. This sigmatic aorist is sometimes added to some verbal stems ending with a consonant too.

The imperative is simple:

- Nothing or final -e for the 2nd sg.
- **Smad** used before the infinitive for the 1st pl.
- **-t(e)** on the verbal stem for the 2nd pl.

The conditional consists in adding **ie** + the present tense endings (-m, -s, etc.) to the present tense verbal stem. The unstressed **e** disappears, and verbs that already end in **-ie** replace it with **-icie-**.

The future tense can be obtained synthetically by adding **ie** to the form of the 2nd sg. of the present tense. It can be also obtained though the use of the conjugated auxiliary **sie-** before the infinitive. A negative future ("won't") can be obtained likewise through the use of the conjugated auxiliary **nie-**.

The near future ("is going to") can be obtained through the use of the conjugated auxiliary **vah** before the infinitive.

The formation of **the infinitive** depends on the verbal stem. If the stem ends with an unstressed -e, it doesn't change. A final **-es** is added to the present tense form of nasal infix verbs. Example: **pressem** = **premes.**

Ablaut verbs in **eu** or **ei(h)** change these inner letters to **u** and **i(h)** and add a final **-es**. Example:

credeih 'to believe' → **credihes**

All other verbs add a final **-e,** or nothing if their accentuational pattern does not allow it.

The active present participle is obtained by suffixing **-(e)nd** to the present tense verbal stem.

Likewise, an "active past participle" is obtained by suffixing **-us** or **-vs** to the present tense verbal stem. As in English, this form can be used as a "past infinitive" too.

The passive participle is obtained by suffixing **-t** or **-(e)n** to the verbal stem without the application of the Von Wahl Rules. Verbs in **eh** + a single consonant, **ei** and **eu** undergo ablaut; those with a nasal infix lose this infix and the unstressed "e".

For stems where no ablaut arises, adding **-t** triggers the same phenomenon as the Von Wahl Rules, and this **-t** then disappears. Example:

confuned 'to confound' → **conf*u*s** or **conf*u*den** 'confounded'.

Remember, the ablaut does not apply for verbs in **a, ay** or **au**. Example: **sayg** leads to **sayct** or **saygen**.

When there is no ablaut, verbal stems ending in **-v** undergo modifications for their **-t** forms. Verbs in **-uv** and **-ov** lose their final **-v** and put **-t** instead. Example:

mov 'to move' → **mot, moven**

For other verbs, the **-v** turns to **-w**. Example:

resolv 'to resolve' → **resolwt, resolven**

As in English, a "composed past" can be made with the verb **habe** + the past participle. There is a difference with the English "present perfect". The Sambahsa "composed past" refers only to actions that took place in the past (even if their effects still last in the present time), and not to actions that have continued until presently. Otherwise the present tense is used. Compare:

Ho myohrst mien cleicha in mien auto 'I have forgotten my keys in my car' (*action took place in the past, but its consequences are still going on*)
Smos prients pon nies miegve 'We have been friends since our childhood' (***hams est prients pon nies miegve** *may imply that we are not friends any more*).

The other function of the passive participle is, as its name implies, the construction of passive sentences. The more frequent way of forming the passive uses the verb “ses”, but, if the action is still going on, the verb **bih** ‘to become’ is preferable. Sambahsa **ab** = ‘by’. Compare:

Id dwer est ghyant, ia fensters sont brohct ‘The door is open(ed), the windows are broken’
El mus biht praess ab el cat ‘The mouse is being eaten by the cat’

Irregular verbs
HABE ‘to have’

I	*Infinitive*	
	habe	
II	*Present*	
	1 **ho**	4 **habmos, hams**
	2 **has**	5 **habte**
	3 **hat**	6 **habent, hant**
IV	*Preterite*	
	1 **hiebim**	4 **hiebam**
	2 **hiebsta, hiebst**	5 **hiebat**
	3 **hiebit**	6 **hiebeer**
V	*Future*	
	1 **habsiem**	4 **habsiemos, habsiems**
	2 **habsies**	5 **habsiete**
	3 **habsiet**	6 **habsient**
VI	*Subjunctive (rarely used)*	
	1 **haba**	4 –
	2 **habas**	5 –
	3 **haba**	6 –
VII	*Conditional*	
	1 **habiem**	4 **habiemos, habiems**
	2 **habies**	5 **habiete**
	3 **habiet**	6 **habient**
VIII	*Imperative*	
	1 –	4 **smad habe**
	2 **habe, hab**	5 **habte**
	3 –	6 –
IX	*Present Active Participle*	**habend**
	Past Active Participle	**habus**
	Passive Participle	**habt, haben**

SES 'to be'

I	*Infinitive*	
	ses	
II	*Present*	
	1 som	4 smos
	2 es	5 ste
	3 est	6 sont
III	*Imperfect*	
	1 eem	4 eemos, eems
	2 ees	5 eete
	3 eet	6 eent
IV	*Preterite*	
	1 buim	4 buam
	2 buista, buist	5 buat
	3 buit	6 buir
V	*Future*	
	1 sessiem	4 sessiemos, sessiems
	2 sessies	5 sessiete
	3 sessiet	6 sessient
VI	*Subjunctive (rarely used)*	
	1 sia	4 siamos, siams
	2 sias	5 siate
	3 sia	6 siant
VII	*Conditional*	
	1 esiem	4 esiemos, esiems
	2 esies	5 esiete
	3 esiet	6 esient
VIII	*Imperative*	
	1 –	4 smad ses
	2 sdi	5 ste
	3 estu	6 sontu
IX	*Present Active Participle*	esend
	Past Active Participle	esus
	Passive Participle	est, esen

WOIDE 'to know'

I	*Infinitive*	
	woide	
II	*Present*	
	1 woidim	4 woidam
	2 woidst(a)	5 woidat
	3 woidit	6 woideer
IV	*Preterite*	
	1 woisim	4 woisam
	2 woisist	5 woisat
	3 woisit	6 woiseer
V	*Future*	
	1 woidsiem	4 woidsiemos, woidsiems
	2 woidsies	5 woidsiete
	3 woidsiet	6 woidsient
VI	*Subjunctive (rarely used)*	
	1 woida	4 –
	2 woidas	5 –
	3 woida	6 –
VII	*Conditional*	
	1 woidiem	4 woidiemos, woidiems
	2 woidies	5 woidiete
	3 woidiet	6 woidient
VIII	*Imperative*	
	1 –	4 smad woide
	2 woide, woid	5 woidte
	3 –	6 –
IX	*Present Active Participle*	woidend
	Past Active Participle	woidus
	Passive Participle	wois, woiden

Table of past tenses and past participles in "t"

Stem	*gloss*	*3rd sg. pres.*	*3rd sg. past*	*Past part. in t*
ay	'to consider as to say'	ayt	*iey*(it)	ayt
aur	'to hear	aurt	*ieur*(it)	aurt
convert	'to convert	is/ia/id/el convert	convers(it)	convers
credeih	'to believe	credeiht	credih(sit)	crediht
curr	'to run	currt	curs(it)	curs
dak	'to get, receive	dact	diek(it)	dact
entre	'to enter	entret	entrit	entret
ghehd	'to be able to	ghehdt	ghohd(it)	ghohdt
gwah	'to go to	gwaht	gwahsit	gwaht
leit	'to go (*fig.*)	leit	lit(it)	lit
linekw	'to leave	linkwt	likw(it)	likwt
interrumep	'to interrupt	interrumpt	interrup(it)	interrupt
mov	'to move	movt	movit	mot
permitt	'to permit, allow	permitt	permiss(it)	permiss
pleuk	'to fly	pleuct	pluk(it)	pluct
posen	'to lay, put	pont	pos(it)	post
pressem	'to press	premt	press(it)	presst
salg	'to go out of	salct	sielg(it)	sals
salv	'to save	salvt	sielv(it)	salwt
scrie	'to shout out	scriet	scricit	scriet
sedd	'to sit	seddt	sess(it)	sess
stuned	'to knock, strike	stundt	stus(it)	stus
vid	'to see	vidt	vis(it)	vis
volg	'to turn oneself	volct	vols(it)	vols

The 102 most common invariable words of Sambahsa

ab by (*in passive constructions*)
aiw(o) ever
(per)ambh around
an whether, that
ant in front of
apter behind
au or
aun without
bad at last. **ne bad** not yet
bayna among
bet but
circa about, approximately
claus close to
con with (*expressing company*)
dalg far
dar again
de about
dia towards (*figurative*)
dind then, afterwards
do into

druve-ye really
ed and
en here is, here are
eni within
ep on
eti moreover
ex out of, of (*matter*)
fauran immediately
ghi then, for (*in second position, often suffixed to a monosyllabic pronoun*)
ghom down
hatta even
her here
in in
inter between
ja already
ka as (a)
kad maybe that
kafi enough
kam like, how
katha so, thus
kathalika likewise, equally
kay in order to
kun as (*temporal conjunction*)
kye in the direction of (*merges with article*)
just just
lakin however, nevertheless
lyt a little
mae don't, in order not to (*prohibitive*)
med with, through (*instrument*)
meg a lot, very
meis more
menxu while
mox soon
ne not
neti no more
nieb beside
no no
noroc-ye fortunately
nun now
ob because (*of*)
od that (*as in "I know that…"*)
oku quickly
per through, by
perodh forward
pior too (*much/many*)
po in exchange for
pon since, for
pos after
pre before (*in time*)
pri by, before
pro for
prokw(em) near
prosch near to (*move*)
quan(do) when
quasi nearly
quayque (al)though
quem than
quer where
quo what (*as a relative pronoun*)
samt with (*descriptive*)
sei if (*conditional*)
semper always
smad let's
stayg suddenly
sub under
taiper presently
tem as, so
ter there
tetro thither
tiel till
tik only
to that, this (*referring to a whole situation*)
tsay back, again
tun then (*temporal adverb*)
ub up
ud out, from
unte during, through
uper over
way unfortunately, alas
ya yes, indeed
yant as soon as
ye (*undefined preposition; hyphenated at the end of a word makes an adverb*)

SOURCES

Alice's Adventures in Wonderland, by Lewis Carroll, 2015

Alice's Adventures in Wonderland, illus. June Lornie, 2013

Alice's Adventures in Wonderland, illus. Mathew Staunton, 2015

Alice's Adventures in Wonderland, illus. Harry Furniss, 2016

Through the Looking-Glass and What Alice Found There,
by Lewis Carroll 2009

The Nursery "Alice", by Lewis Carroll, 2015

Alice's Adventures under Ground, by Lewis Carroll, 2009

The Hunting of the Snark, by Lewis Carroll, 2010

SEQUELS

A New Alice in the Old Wonderland, by Anna Matlack Richards, 2009

New Adventures of Alice, by John Rae, 2010

Alice Through the Needle's Eye, by Gilbert Adair, 2012

Wonderland Revisited and the Games Alice Played There,
by Keith Sheppard, 2009

Alice and the Boy Who Slew the Jabberwock,
by Allan William Parkes, 2016

SPELLING

Alice's Adventures in Wonderland,
Retold in words of one Syllable by Mrs J. C. Gorham, 2010

𐐈𐑊𐐮𐑅'𐑆 𐐈𐐼𐑂𐐯𐑌𐐽𐐲𐑉𐑆 𐐮𐑌 𐐎𐐲𐑌𐐼𐐲𐑉𐑊𐐰𐑌𐐼,
Alice printed in the Deseret Alphabet, 2014

𐐜 𐐐𐐲𐑌𐐻𐐮𐑍 𐐲𐑂 𐑄 𐐝𐑌𐐪𐑉𐐿,
The Hunting of the Snark printed in the Deseret Alphabet, 2016

𐐛𐑉𐐭 𐑄 𐐢𐐳𐐿𐐮𐑍-𐐘𐑊𐐰𐑅 𐐰𐑌𐐼 𐐐𐐶𐐲𐐻 𐐈𐑊𐐮𐑅 𐐙𐐵𐑌𐐼 𐐜𐐯𐑉,
Looking-Glass printed in the Deseret Alphabet, 2016

Alice's Adventures in Wonderland,
Alice printed in Dyslexic-Friendly fonts, 2015

[illegible],
Alice printed in a font that simulates Dyslexia, 2015

[illegible],
Alice printed in the Ewellic Alphabet, 2013

'Ælɪsɪz Əd'ventʃəz ɪn 'Wʌndəˌlænd,
Alice printed in the International Phonetic Alphabet, 2014

Alis'z Advnčrz in Wundland, *Alice* printed in the Ñspel orthography, 2015

[illegible],
Alice printed in the Nyctographic Square Alphabet, 2011

[illegible], *Alice* printed in the Shaw Alphabet, 2013

ALISIZ ADVENCIRZ IN WUNDRLAND,
Alice printed in the Unifon Alphabet, 2014

[illegible] (Aliz kalandjai Csodaországban),
The Hungarian *Alice* printed in Old Hungarian script, tr. Anikó Szilágyi, 2016

SCHOLARSHIP

Reflecting on Alice: A Textual Commentary on *Through the Looking-Glass*, by Selwyn Goodacre, 2016

Elucidating Alice: A Textual Commentary on *Alice's Adventures in Wonderland*, by Selwyn Goodacre, 2015

Behind the Looking-Glass: Reflections on the Myth of Lewis Carroll, by Sherry L. Ackerman, 2012

Selections from the Lewis Carroll Collection of Victoria J. Sewell, compiled by Byron W. Sewell, 2014

SATIRES

Clara in Blunderland, by Caroline Lewis, 2010

Lost in Blunderland: The further adventures of Clara, by Caroline Lewis, 2010

John Bull's Adventures in the Fiscal Wonderland, by Charles Geake, 2010

The Westminster Alice, by H. H. Munro (Saki), 2010

Alice in Blunderland: An Iridescent Dream, by John Kendrick Bangs, 2010

Simulations

Davy and the Goblin, by Charles Edward Carryl, 2010

The Admiral's Caravan, by Charles Edward Carryl, 2010

Gladys in Grammarland, by Audrey Mayhew Allen, 2010

Alice's Adventures in Pictureland, by Florence Adèle Evans, 2011

Folly in Fairyland, by Carolyn Wells, 2016

Rollo in Emblemland, by J. K. Bangs & C. R. Macauley, 2010

Phyllis in Piskie-land, by J. Henry Harris, 2012

Alice in Beeland, by Lillian Elizabeth Roy, 2012

Eileen's Adventures in Wordland, by Zillah K. Macdonald, 2010

Alice and the Time Travellers, by Victor Fet, 2016

Алиса и Путешественники во Времени (Alisa i Puteshestvenniki vo Vremeni), *Alice and the Time Travellers* in Russian, tr. Victor Fet, 2016

Sewelliana

Sun-hee's Adventures Under the Land of Morning Calm, by Byron & Victoria Sewell, 2016

선희의 조용한 아침의 나라 모험기 (Seonhuiui joyonghan achim-ui nala moheomgi), *Sun-hee* in Korean, tr. Miyeong Kang, 2016

Alix's Adventures in Wonderland: Lewis Carroll's Nightmare, by Byron W. Sewell, 2011

Áloþk's Adventures in Goatland, by Byron W. Sewell, 2011

Alice's Bad Hair Day in Wonderland, by Byron W. Sewell, 2012

The Carrollian Tales of Inspector Spectre, by Byron W. Sewell, 2011

The Annotated Alice in Nurseryland, by Byron W. Sewell, 2016

The Haunting of the Snarkasbord, by Alison Tannenbaum, Byron W. Sewell, Charlie Lovett, & August A. Imholtz, Jr, 2012

Snarkmaster, by Byron W. Sewell, 2012

In the Boojum Forest, by Byron W. Sewell, 2014

Murder by Boojum, by Byron W. Sewell, 2014

Close Encounters of the Snarkian Kind, by Byron W. Sewell, 2016

TRANSLATIONS

Alice's Adventures in An Appalachian Wonderland,
Alice in Appalachian English, tr. Byron & Victoria Sewell, 2012

Patimatli ali Alice tu Văsilia ti Ciudii,
Alice in Aromanian, tr. Mariana Bara, 2015

Алесіны прыгоды ў Цудазем'і (Alesiny pryhody u Tsudazem'i), *Alice* in Belarusian, tr. Max Ščur, 2016

На тым баку Люстра і што там напаткала Алесю (Na tym baku Liustra i shto tam napatkala Alesiu),
Looking-Glass in Belarusian, tr. Max Ščur, 2016

Снаркаловы (Snarkalovy),
The Hunting of the Snark in Belarusian, tr. Max Ščur, 2016

Crystal's Adventures in A Cockney Wonderland,
Alice in Cockney Rhyming Slang, tr. Charlie Lovett, 2015

Aventurs Alys in Pow an Anethow,
Alice in Cornish, tr. Nicholas Williams, 2015

Alice's Ventures in Wunderland,
Alice in Cornu-English, tr. Alan M. Kent, 2015

Alices Hændelser i Vidunderlandet, *Alice* in Danish, tr. D.G., Forthcoming

آلیس در سرزمین عجایب (Âlis dar Sarzamin-e Ajâyeb),
Alice in Dari, tr. Rahman Arman, 2015

La Aventuroj de Alicio en Mirlando,
Alice in Esperanto, tr. E. L. Kearney, 2009

La Aventuroj de Alico en Mirlando,
Alice in Esperanto, tr. Donald Broadribb, 2012

Trans la Spegulo kaj kion Alico trovis tie,
Looking-Glass in Esperanto, tr. Donald Broadribb, 2012

Les Aventures d'Alice au pays des merveilles,
Alice in French, tr. Henri Bué, 2015

Les Aventures d'Alice au pays des merveilles,
Alice in French, tr. Henri Bué, illus. Mathew Staunton, 2015

ელისის თავგადასავალი საოცრებათა ქვეყანაში
(Elisis t'avgadasavali saoc'rebat'a k'veqanaši),
Alice in Georgian, tr. Giorgi Gokieli, 2016

Alice's Abenteuer im Wunderland,
Alice in German, tr. Antonie Zimmermann, 2010

Die Lissel ehr Erlebnisse im Wunnerland,
Alice in Palantine German, tr. Franz Schlosser, 2013

Der Alice ihre Obmteier im Wunderlaund,
Alice in Viennese German, tr. Hans Werner Sokop, 2012

Balþos Gadedeis Aþalhaidais in Sildaleikalanda,
Alice in Gothic, tr. David Alexander Carlton, 2015

Nā Hana Kupanaha a ʻĀleka ma ka ʻĀina Kamahaʻo,
Alice in Hawaiian, tr. R. Keao NeSmith, 2016

Ma Loko o ke Aniani Kū a me ka Mea i Loaʻa ia ʻĀleka ma Laila, *Looking-Glass* in Hawaiian, tr. R. Keao NeSmith, 2012

Aliz kalandjai Csodaországban,
Alice in Hungarian, tr. Anikó Szilágyi, 2013

Eachtra Eibhlíse i dTír na nIontas,
Alice in Irish, tr. Pádraig Ó Cadhla (1922), 2015

Eachtraí Eilíse i dTír na nIontas, *Alice* in Irish, tr. Nicholas Williams, 2007

Lastall den Scáthán agus a bhFuair Eilís Ann Roimpi,
Looking-Glass in Irish, tr. Nicholas Williams, 2009

Le Avventure di Alice nel Paese delle Meraviglie,
Alice in Italian, tr. Teodorico Pietrocòla Rossetti, 2010

Alis Advencha ina Wandalan,
Alice in Jamaican Creole, tr. Tamirand Nnena De Lisser, 2016

L's Aventuthes d'Alice en Émèrvil'lie,
Alice in Jèrriais, tr. Geraint Williams, 2012

L'Travèrs du Mitheux et chein qu'Alice y dêmuchit,
Looking-Glass in Jèrriais, tr. Geraint Williams, 2012

Әлисәнің ғажайып елдегі басынан кешкендері (Älïsäniñ ğajayıp eldegi basınan keşkenderi), *Alice* in Kazakh, tr. Fatima Moldashova, 2016

Las Aventuras de Alisia en el Paiz de las Maraviyas, *Alice* in Ladino, tr. Avner Perez, 2014

Alisis pidzeivuojumi Breinumu zeme, *Alice* in Latgalian, tr. Evika Muizniece, 2015

Alicia in Terra Mirabili, *Alice* in Latin, tr. Clive Harcourt Carruthers, 2011

Aliciae per Speculum Trānsitus (Quaeque Ibi Invēnit), *Looking-Glass* in Latin, tr. Clive Harcourt Carruthers, Forthcoming

Alisa-ney Aventuras in Divalanda, *Alice* in Lingua de Planeta (Lidepla), tr. Anastasia Lysenko & Dmitry Ivanov, 2014

La aventuras de Alisia en la pais de mervelias, *Alice* in Lingua Franca Nova, tr. Simon Davies, 2012

Alice ẹhr Ẹventüürn in't Wunnerland, *Alice* in Low German, tr. Reinhard F. Hahn, 2010

Contoyrtyssyn Ealish ayns Çheer ny Yindyssyn, *Alice* in Manx, tr. Brian Stowell, 2010

Ko Ngā Takahanga i a Ārihi i Te Ao Mīharo, *Alice* in Māori, tr. Tom Roa, 2015

Dee Erläwnisse von Alice em Wundalaund, *Alice* in Mennonite Low German, tr. Jack Thiessen, 2012

Auanturiou adelis en Bro an Marthou, *Alice* in Middle Breton, tr. Herve Le Bihan & Herve Kerrain, Forthcoming

The Aventures of Alys in Wondyr Lond, *Alice* in Middle English, tr. Brian S. Lee, 2013

L'Avventure d'Alice 'int' 'o Paese d' 'e Maraveglie, *Alice* in Neapolitan, tr. Roberto D'Ajello, 2016

L'Aventuros de Alis in Marvoland, *Alice* in Neo, tr. Ralph Midgley, 2013

Æðelgýðe Ellendæda on Wundorlande, *Alice* in Old English, tr. Peter S. Baker, 2015

Alitjilu Palyantja Tjuta Ngura Tjukurmankuntjala (Alitji's Adventures in Dreamland), *Alice* in Pitjantjatjara, tr. Nancy Sheppard, 2016

Alitji's Adventures in Dreamland: An Aboriginal tale inspired by *Alice's Adventures in Wonderland*, adapted by Nancy Sheppard, 2016

Alice Contada aos Mais Pequenos,
The Nursery "Alice" in Portuguese, tr., Rogério Miguel Puga, 2015

Соня въ царствѣ дива (Sonia v tsarstvie diva):
Sonja in a Kingdom of Wonder,
Alice in facsimile of the 1879 first Russian translation, 2013

Охота на Снарка (Okhota na Snarka),
The Hunting of the Snark in Russian, tr. Victor Fet, 2016

La Aventures as Alice in Daumsenland,
Alice in Sambahsa, tr. Olivier Simon, 2013

Ocolo id Specule ed Quo Alice Trohv Ter,
Looking-Glass in Sambahsa, tr. Olivier Simon, 2016

'O Tāfaoga a 'Ālise i le Nu'u o Mea Ofoofogia,
Alice in Samoan, tr. Luafata Simanu-Klutz, 2013

Eachdraidh Ealasaid ann an Tìr nan Iongantas,
Alice in Scottish Gaelic, tr. Moray Watson, 2012

Alice's Adventchers in Wunderland,
Alice in Scouse, tr. Marvin R. Sumner, 2015

Mbalango wa Alice eTikweni ra Swihlamariso,
Alice in Shangani, tr. Peniah Mabaso & Steyn Khesani Madlome, 2015

Ahlice's Aveenturs in Wunderlaant,
Alice in Border Scots, tr. Cameron Halfpenny 2015

Alice's Mishanters in e Land o Farlies,
Alice in Caithness Scots, tr. Catherine Byrne 2014

Alice's Adventirs in Wunnerlaun,
Alice in Glaswegian Scots, tr. Thomas Clark, 2014

Ailice's Anters in Ferlielann,
Alice in North-East Scots (Doric), tr. Derrick McClure, 2012

Alice's Adventirs in Wonderlaand,
Alice in Shetland Scots, tr. Laureen Johnson, 2012

Ailice's Àventurs in Wunnerland,
Alice in Southeast Central Scots, tr. Sandy Fleemin, 2011

Ailis's Anterins i the Laun o Ferlies,
Alice in Synthetic Scots, tr. Andrew McCallum, 2013

Alice's Carrànts in Wunnerlan,
Alice in Ulster Scots, tr. Anne Morrison-Smyth, 2013

Alison's Jants in Ferlieland,
Alice in West-Central Scots, tr. James Andrew Begg, 2014

Alice muNyika yeMashiripiti,
Alice in Shona, tr. Shumirai Nyota & Tsitsi Nyoni, 2015

Alis bu Cëlmo dac Cojube w dat Tantelat,
Alice in Ṣurayt, tr. Jan Beṯ-Ṣawoce, 2015

Alisi Ndani ya Nchi ya Ajabu, *Alice* in Swahili, tr. Ida Hadjuvayanis, 2015

Alices Äventyr i Sagolandet, *Alice* in Swedish, tr. Emily Nonnen, 2010

'Alisi 'i he Fonua 'o e Fakaofo',
Alice in Tongan, tr. Siutāula Cocker & Telesia Kalavite, 2014

Ventürs jiela Lälid in Stunalän, *Alice* in Volapük, tr. Ralph Midgley, 2016

Lès-avirètes da Alice ô payis dès mèrvèyes,
Alice in Walloon, tr. Jean-Luc Fauconnier, 2012

Anturiaethau Alys yng Ngwlad Hud, *Alice* in Welsh, tr. Selyf Roberts, 2010

I Avventur de Alis ind el Paes di Meravili,
Alice in Western Lombard, tr. GianPietro Gallinelli, 2015

Di Avantures fun Alis in Vunderland,
Alice in Yiddish, tr. Joan Braman, 2015

Alises Avantures in Vunderland,
Alice in Yiddish, tr. Adina Bar-El, Forthcoming

Insumansumane Zika-Alice,
Alice in Zimbabwean Ndebele, tr. Dion Nkomo, 2015

U-Alice Ezweni Lezimanga, *Alice* in Zulu, tr. Bhekinkosi Ntuli, 2014

www.ingramcontent.com/pod-product-compliance
Ingram Content Group UK Ltd.
Pitfield, Milton Keynes, MK11 3LW, UK
UKHW041826200726
13854UKWH00002BA/582

9 781782 011651